歴史文化ライブラリー

470

江戸無血開城

本当の功労者は誰か?

岩下哲典

目 次

「江戸無血開城」と鉄舟・泥舟——プロローグ

江戸の完成

三河《みかわ》生まれの徳川家康が、豊臣秀吉に後北条亡き後の関東を与えられ、わざわざ秀吉から居城を指示されて江戸に居住することになったのは、天正十八年、一五九〇年である。はじめは、落胆した家臣団もいた。なぜ、見たこともない坂《ばん》東《どう》の地に行かねばならないのかと。

しかし、家康は配下の優秀な家臣たちを使い、江戸の町割り、村の移転、城地の確定、家臣団の屋敷地造成などに心血を注いで、江戸城とその城下町を造りはじめた。後には城づくりの名手藤堂高虎《とうどうたかとら》をも用いて、立派な城郭と城下町に仕立て上げた。二代秀忠は、奥州仙台の、歴戦の武将伊達政宗《だてまさむね》など諸大名の力を結集して、城の防衛力を高めた。三代家光の時に、日本最大の近世城郭として完成したのが江戸城であり、江戸は最大の都市であった。

江戸時代中期以降、人口一〇〇万人以上、そのうち武士とその家族や関係者が一割、町人等が九割、さらに武家地は六割とまで言われる世界最大の都市に成長した。江戸の町は、まさに武士の町であり、江戸城は、強固な城門と、高石垣に囲まれた難攻不落の名城であった。

江戸とその城下町を攻略するためには、味方に多大な人的犠牲、財政的損害が出ることを想定しなければならず、相当な覚悟が必要だ。それは江戸城の堅固な威容を観れば、容易に想像がつく。

ともかく、家康が、征夷大将軍に任命されて以来、約二六五年、江戸城は、将軍の城であり、江戸の町は近世日本の首都的な大都市であった。

江戸総攻撃の回避

その江戸、最大の危機が、慶応四年（一八六八）三月十五日の明治維新政府の官軍による江戸総攻撃計画であった。官軍は、多摩川《たまがわ》を渡河し、品川あたりを窺い、中山道《なかせんどう》から板橋宿に駐屯し、前日から攻撃命令を今か今かと待っていた。

しかし、十四日、官軍に対して、明日の総攻撃は中止との、征討大総督の命令が伝達された。すんでのところで、戦争は回避され、江戸は戦火から救われたのである。

そして、四月十一日、戦争による血が流れることなく、江戸城は官軍に引き渡された。「江戸無血開城」である。その最大の功労者は誰か、と問われれば、多くの人が、勝海舟《かつかいしゅう》と西郷隆盛《さいごうたかもり》をあげるであろう。文句なくこの二人だと。三月十三日と十四日の二回の江戸会談で決まったのだと。そして十五日の総攻撃が、直前で、すんでのところで中止が決まったのだと。危機一髪。話としてはそのほうが小気味がよい。だた、ちょっと待ってほしい。大事な人、重要なことが忘れられている。

忘れられた二舟

実は、海舟や西郷よりももっと大事な人物が二人、忘れられているのだ。幕臣山岡鉄舟《やまおかてっしゅう》と同じく高橋泥舟《たかはしでいしゅう》（「泥舟」は明治四年以降使用する号だが、煩雑さをさけるため、全時代を通じて使用する。ほかの人名に関しても通用の名前を用いる。たとえば徳川家達《いえさと》など）だ。二人は、義兄弟。泥舟の妹英子《ふさこ》を鉄舟は娶《めと》っている。かつ山岡家はもともと泥舟の実家だ。

本書では、この忘れられた二舟、鉄舟と泥舟を中心に「江戸無血開城」の真実を物語っていきたい。真実の先には、何が見えてくるだろうか。

なお、本書は、先行する拙著『高邁なる幕臣　高橋泥舟』、拙稿「幕末維新史と城郭・城下町・武士」(『城下町と日本人の心性』)、拙監修『幕末維新の古文書』、拙著『病とむきあう江戸時代』、拙稿「知られざる「江戸無血開城」勝海舟を凌ぐ幕末ヒーローはこの人だ!」(『iRONNA』産経新聞デジタル版)に続くものである。

それらを総合し、かつ、史料を用いて、「江戸無血開城」に焦点を絞って、その真実を事実に基づいて描いたのが本書である。内容的に重複する部分については、本書では、大幅に加筆し改稿している。あらかじめお断りしておきたい。主な参考文献は本書末尾に一括して掲げた。本来なら、根拠を逐一挙げるべきだが、一般書の性格から、最低限の表記にとどめた。また、史料も多くは現代語訳や意訳など施した。ご寛恕を乞いたい。

「江戸無血開城」の誤解

「江戸無血開城」の最大の功労者

「江戸城無血開城」に果たした勝海舟の役割は、実は巷間言われるほど、重要ではない。なぜなら、その前提となる、徳川慶喜《よしのぶ》の助命（救解《きゆうかい》）と徳川家の家名存続と旧幕府の武装解除、すなわち武器・弾薬、軍艦、江戸城の引き渡し（江戸無血開城）は、慶応四年（一八六八）三月九日の、山岡鉄舟と西郷隆盛の駿《すん》府《ぷ》会談で、ほぼ決まったからである。鉄舟がその結果を持って江戸に戻り、十三日と十四日に徳川家の代表たる海舟・鉄舟と西郷の最終確認がおこなわれ、細部の詰めがなされて、それを持って西郷が、京都に赴き、新政府の最終決定がなされたのである。

「一番鎗」は鉄舟

「江戸無血開城」は江戸での海舟・西郷会談ではなく、駿府の鉄舟・西郷会談でほぼ決まったのである。それも静岡で初めて徳川方の鉄舟に降伏条件が開示されたのである。それを鉄舟は無条件に「はい、わかりました。善処します」と新政府側のイエスマンになって持ってきたのではない。「主人慶喜の処遇は自分には決められない」と最も重要な案件を保留にして、つまり、さらなる交渉の余地を残して復命したのである。あの状況の中、つまり幕臣として単身で敵中に乗り込んだ鉄舟の臨機応変な交渉がその後の歴史を変えた。「その時、歴史が動いた」という歴史教養番組があったが、まさに山岡・西郷の静岡会談で、幕末維新の歴史が動いたと言ってよい。

それは、当時、「江戸無血開城」で最大の恩恵を被った慶喜が、自身の助命と家名存続の「一番鎗《いちばんやり》」は鉄舟であると認めていたことからも理解できる。慶喜はいう「官軍に対して一番鎗だったのは鉄舟である」と。鉄舟が書き留めた文書がある。鉄舟が開いた臨済宗国泰寺派全生庵《ぜんしょうあん》（台東区谷中）に所蔵されている、慶応四年四月ごろの山岡鉄舟書状だ。一部引用する。

図1　山岡鉄舟　福井市立郷土歴史博物館所蔵

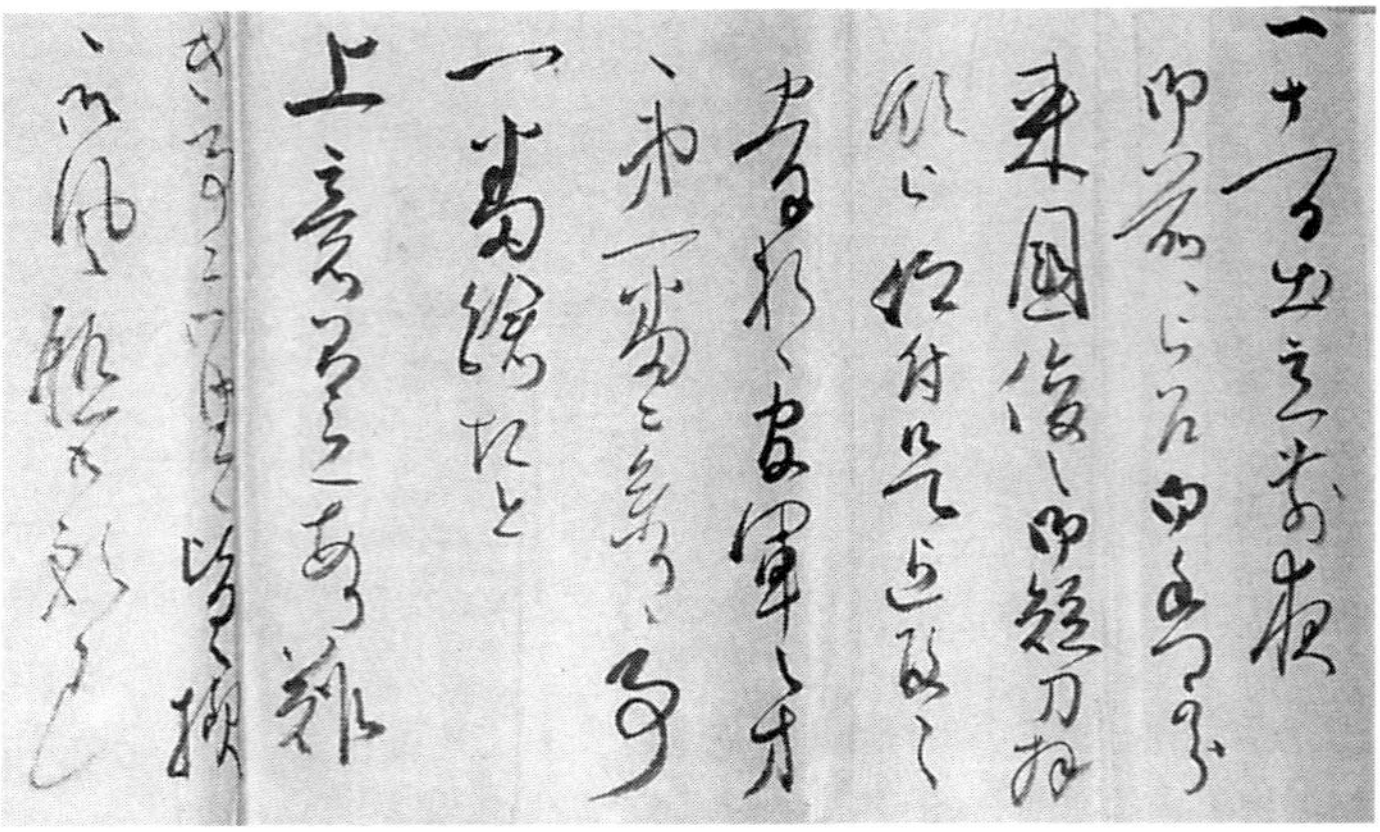

図2　慶応4年4月ごろの山岡鉄舟書状　全生庵所蔵

一、十一日出立前夜、御前へ被召《めされ》、御手
つから来国俊之御短刀拝領被仰付《おおせつけられ》、
是迄《これまで》度々骨折候官軍の方へ第一番ニ
参り候事一番鎗た（だ）と
上意有之《これあり》、あり難き事ニ御座《ござ》候《そうろう》
（後略）

江戸城が、まさに官軍に対して無血開城されたのが、四月十一日であり、この日、慶喜は、謹慎先の水戸《みと》に向けて、上野寛永寺《かんえいじ》大慈《だいじ》院《いん》を出発した。その前夜、すなわち十日の夜のことである。鉄舟は、慶喜の御前に召し出された。そして鉄舟は、慶喜自らの手により、「来国俊《らいくにとし》」の短刀を与えられた。来国俊は、鎌倉時代後期の名刀工である。現存すれば見てみたい。

さらに「これは、当方の者共がたびたび骨を折って嘆願した官軍に対し第一番に行ったのはそなただ。一番鎗は鉄舟である」と慶喜から言われたのである。鉄舟は、まさに「あり難き事ニ御座候」と来国俊の短刀を拝領したのだ。

慶喜の水戸行きは、十日に予定されていたのだが、十日は体調不良で出発できないと届け出ていた。その夜である。江戸で過ごす最後になるこの夜に慶喜は、「徳川家存続」に尽力してくれた臣下への礼を尽くした。慶喜は本当に鉄舟に感謝したのだ。最大の功労者は鉄舟であると、慶喜自身が認め、礼を尽くしてねぎらったのだから、誰が何と言おうと、一番鎗、すなわち、「慶喜の救解・徳川家の家名存続・江戸無血開城」という一連の「徳川家存続」の一番の手柄は、鉄舟のものであるべきだろう。総大将慶喜が認めているから全くもって確かなことだ。

だから、「江戸無血開城」の最大の功労者は海舟ではない。決して海舟ではない。なんどもいうが、「江戸無血開城」の最大の功労者は、鉄舟である。これは紛れもない事実であり、真実である。本書の最大の結論は、これである。ではなぜ、一般にはそう思われていないのか。それらを叙述していくことにしたいと思う。

要するに、「徳川家存続」という重要案件のほとんどすべては、静岡での鉄舟・西郷会談で決まった。つまり鉄舟・西郷会談で「慶喜の救解、徳川家の家名存続、江戸無血開城」は成し遂げられたのだ。そのあと江戸で海舟は徳川家の名目上の役職者として追認したに過ぎない。

知られざる鉄舟の活躍

それから、人によっては、海舟が鉄舟を派遣したのだと言っているものもいるが、これも間違ったとらえ方だと言わざるを得ない。関係する史料を虚心坦懐《きょしんたんかい》に読めばわかることだ。ただ、当時刊行の『中外新聞』にも「此度かくの如く穏かなるは、日光宮様の御取扱、殊に勝安房守の尽力にて参謀西郷某の周旋に依り、平和に成たる由なり」と、輪王寺宮《りんのうじのみや》と勝と西郷によって平和となったと論評されているから、致し方ないところはある。しかし、新聞が必ずしも真実を伝えているとは限らないし、「由なり」は、「そういう話しだ」とか「そういう噂だ」ということだから、鵜呑みにしてはよくない。鉄舟は、慶喜から派遣されたのだ。しかし鉄舟は、そのことを後で自慢するような男ではなかったし、そういう話をすると迷惑がかかる人がいることもよくわかっていたから、自ら進んで言わなかっただけなのだ。関係者が真実を言わないとなると、少しかかわった者が言わざるを得なくなる。だ「あの時はいかがでしたか」と人に聞かれれば、「されぱよ」と答えざるをえなくなる。

から結局、海舟がヒーローになるし、周りもヒーローに仕立て上げる。そうしたことも、以下、述べていく。

では、鉄舟を推薦したのは、海舟なのか。これも違う。静岡に派遣されることが決まって初めて、鉄舟は海舟に会いに行く。それまで鉄舟と海舟は会ったことがなかった。それどころか、海舟は自分を引き立ててくれた幕臣大久保忠寛《おおくぼただひろ》から鉄舟らは乱暴者で、命を奪われるかもしれないから注意せよと言われていた。それは海舟も認めている。そんなふうに思っている人間を海舟が、はなから推薦するはずがない。海舟は鉄舟の事をよく知らなかったのだ。

鉄舟を推薦したのは、鉄舟の義兄泥舟である。鉄舟派遣は、泥舟のキャスティングである。泥舟が鉄舟を慶喜に推薦したのである。なぜ、泥舟が鉄舟を推薦したのか。それが実現したのか。それは、泥舟が慶喜から全幅の信頼を得ていたからに他ならない。なぜそこまで信頼されていたのか。それも、本書で詳しく述べていく。また、鉄舟が、この一連の手柄話をすることで、迷惑を掛けたくない人というのは泥舟だった。だから、話が外に出てこなかったのだ。だから、海舟が話を盛っていけたのだ。そうしたことも述べていこう。

図３　勝海舟　沼津市明治史料館所蔵

図４　高橋泥舟

多くの人は、明治神宮外苑・聖徳記念絵画館にある、あの有名な絵画「江戸無血開城」のイメージが、なかなか頭を離れないのではないだろうか。正式タイトルは「江戸開城談判」。著名な画家結城《ゆうき》素明《そめい》の作だ。

イメージ操作「江戸開城談判」

聖徳記念絵画館は、明治天皇の業績を四〇枚の日本画と同じく四〇枚の西洋画、合計八〇枚で今に伝える、明治神宮の付属機関である。明治天皇の事蹟の素晴らしさを、素晴らしい絵画で伝えるものだ。絵画は臣下から寄進《きしん》・奉納されたものだ。

明治八年（一八七五）東京本所生まれの東京美術学校教授結城素明が、「江戸開城談判」を描き完成させたのは昭和十年（一九三五）であった。そして翌年、二・二六事件の約二ヵ月後の四月二十一日、聖徳記念絵画館壁画完成式がおこなわれた。明治天皇歿後二五年であり、三日前には、外務省がわが国号は「大日本帝国」であり、元首は「皇帝」ではなく「天皇」と発表したばかりだった。

図5　「江戸開城談判」（結城素明画）
聖徳記念絵画館所蔵

では、「江戸無血開城」の寄進・奉納者は誰か、侯爵西郷吉之《さいごうきちの》助《すけ》と伯爵勝精《かつくわし》（慶喜十男、勝家を相続）の二人のみ。それぞれ西郷隆盛と海舟の後継者である。十四日の二回目の会談の情景とすれば、海舟の傍らに鉄舟がいたのである。もちろん十三日にも鉄舟はいた。それなのに描かれていない。なぜか。この絵画が、制作された時、山岡家は財政的に厳しい状態で、

図6　西郷隆盛

この絵画に関与できない状態だったからだと思われる。

　なので、声を大にして言う。あの絵は、事実のほんの一面しか伝えていない。あの場に鉄舟が居たのに描かれていないのだ。明治天皇の侍講《じこう》で宮内少《くないしょう》輔《ゆう》も勤め、明治天皇を明治天皇たらしめた鉄舟が、「江戸開城談判」に描かれなかったのは、明治神宮の祭神である明治天皇もさぞかし残念なのではないだろうか。存命であれば、そして知っていれば、なんとしてでも描かせたに違いない。ただし、鉄舟は自らの功績をこれ見よがしに語るような男ではないから、天皇にも語らなかったと思われる。だから、天皇も知らなかったかもしれない。しかし、西郷や岩倉は当然知っていたから、何かの折りに、たとえば、鉄舟の侍講採用以前の審査期間などの折りに、西郷や岩倉が天皇に語っていたかもしれない。いや、それが、採用の決め手になったと思われるから、天皇も知っていたと考えた方がよいのではないだろうか。

　ともかく、あの絵を見るたびに、とても残念に思うのは私だけではあるまい。ともかくも、ともかくも、ともかくも、あの場には、確実に鉄舟がいた。いなければならなかった。証人として鉄舟がいなければ話は進まない。御話にならないのだ。描かなければならなかったのに、描かれなかったことが、「江戸無血開城」の真実を見失う大きな原因となったのだ。

願わくは、あの絵は、鉄舟の視線でみた、「江戸開城談判」、否「江戸開城確認会議」であり、鉄舟の目線で描かれた西郷と勝なのだと肝に銘じてほしい。「談判」はすでに五日前に静岡での鉄舟・西郷会談で終わっていたとみなければならない。読者のみなさんには、まずは、あの絵画の画像からそのように読み取っていただきたいし、本書読了後、私の考えが誤りでなかったことを感得していただきたいものだ。

それにしても、つくづく絵画資料は、イメージ操作しやすく、あやういもので、十分に注意しなければならないということも改めて指摘しておきたく思う。

絵画「江戸開城談判」は、本書を読み終わってから再びじっくり見て欲しい。どんな「真実」が浮かび上がってくるだろうか。

慶喜と鉄舟・泥舟の関係

ならば、「真実」は、本当のところはどうだったのか、結論から知りたい読者のために、真実の部分を先取りしておこう。具体的な日時等は後述する部分を参照されたい。まずは、その梗概《こうがい》を知っていただきたいと思う。

慶喜のお召し

慶応四年（一八六八）正月、鳥羽伏見《とばふしみ》の戦いの敗戦後、ほうほうの体で帰府した徳川慶喜に遊撃隊頭並《ゆうげきたいかしらなみ》高橋泥舟が初めて御目見えしたのは、慶喜江戸入城から一週間以上たった後であった。

その間の事情を泥舟本人の証言、たとえば「高橋泥舟居士小伝」や「泥舟翁略伝」「高橋泥舟翁事歴」などによって再現してみよう。いずれも拙著『高邁なる幕臣　高橋泥舟』

に翻刻、収録している。原文は、そちらをご覧いただきたい。

泥舟は、慶喜が帰城した後、「ただ王家に恭順《きょうじゅん》して、人民を安心させる以外にない」と考え単身で拝謁すべく登城したが、側近らに七日間妨害されて果たすことができなかった。おそらくこれは、帰城直後の慶喜は、軍勢を立て直して西上する意向を持っており、そのため恭順派の泥舟は遠ざけられていたのだと考えられる。

しかし、泥舟としては、ただ座視していることもできず、老中小笠原長行《おがさわらながみち》に上書して拝《はい》謁《えつ》を要請するなど、できるかぎりのことをして慶喜のお召しを待った。小笠原とは、かつて文久三年（一八六三）正月、京都の小笠原の宿所で面会し、泥舟は小笠原の失言（内容は不詳）を指摘したことがあった。小笠原は老中ながら率直に非を認め、三度まで謝罪したが、泥舟がなかなか許さなかったことがあったようである。老中小笠原も泥舟の至誠は大変よく知るところでもあった。

図７　徳川慶喜　茨城県立歴史館所蔵

いずれにしても泥舟の上書は小笠原らの心を動かし、ようやく慶喜からのお召しがあった。もちろん、主戦派の小栗忠順《おぐりただまさ》が罷免《ひめん》され、慶喜自身が恭順に傾きつつあったことが泥舟のお召しにつながったと考えられる。環境が整ったのだ。

慶喜は開口一番「余が帰城してすでに一〇日ほどが経っているが、そちがすぐに訪ねてこなかったのはなぜか」。泥舟が臆せずに「これは意外な仰せ。わたくしは、過日、伏見の敗戦を聞き、上様が御帰城と聞くや、国家の大事はこのときであると、単身にて上様に拝謁を一週間もお願いしつづけましたが、果たすことはかないませんでした。あきらめきれず上書して閣老にお願いしましたがそれでもなかなか、かないませんでした。私は一人、血の涙を流しておりましたが、今日図らずもお召しとは知らず、何事かと思い登城致しました次第です……」と答えた。

慶喜は、「余は知らなかった。そちが来ないことをただただ不審に思っていたのだ」と驚きを隠せなかった。そして、慶喜は、これまでの顚末を語り、どうすればよいか意見を述べよとの命であった。それらを聞いた泥舟は「現在の情勢を鑑みるに、人心は離散して一定していない。現今の私の意見においてもっとも急務とするところは、ただ王家に恭順して、江戸を戦場にしないこと、人民を塗炭《とたん》の苦しみにあわせないこと、それのみがもっとも得策でありましょう」と答えた。

泥舟への信頼

しかし、慶喜はなかなか覚悟を決めなかった。ところが、ついに有栖《ありす》川宮熾仁親王《がわのみやたるひと》が総督として官軍を率いて東下するとなってようやく慶喜も恭順すると覚悟を決めた。すなわち、寛永寺大慈院での謹慎である。泥舟は勝海舟と相談して、泥舟が自らの遊撃隊を率いて江戸城西丸から上野東叡山寛永寺に退去する慶喜を護衛した。寛永寺謹慎は泥舟の献策でもあったのだ。このとき慶喜は、軍事は泥舟に委任するとした。このことは大変重大な意味を持つ。これまでの歴史叙述では、海舟がクローズアップされすぎるほどされていたが、また最近では、和宮《かずのみや》や天璋院《てんしょういん》（篤姫《あつひめ》）が、慶喜救解に与《あずか》って力があったとされている。それは確かであろう。

しかし、徳川家の当主慶喜の絶対的信頼のもとにこの難局に当たったのは泥舟その人である。泥舟が鉄舟や海舟の働く場を提供したのである。また和宮や天璋院と海舟との間を取り持ったのもおそらく泥舟であろう。なにしろ慶喜が最も信頼するのは泥舟ただひとりだったからである。他の者は信を置くに足らぬ。槍一筋の泥舟でなければならぬ。慶喜の中ではそうだった。かつて文久二年（一八六二）末、将軍家茂《いえもち》上洛の地ならしに共に京都に登った際の泥舟の言動に慶喜がそのように考えるに至ったと思われる。

このころの慶喜は海舟を信用していない。すなわち、慶喜の信頼のもとに、中奥《なかおく》には泥舟が、大奥《おおおく》には天璋院と和宮が、表には海舟と大久保忠寛《ただひろ》（一翁《いちおう》）がいた。そのような役割分担だったということである。

ともかく泥舟は慶喜にひたすら恭順を説いたのである。慶応四年正月には二〇〇〇石高の遊撃隊頭となっていた。実行部隊、実力部隊の指揮官である。実行・実力部隊の指揮官が泥舟でなかったらどうなっていたか。慶喜が担ぎ出されて、全面戦争になっていたら、今日の東京の姿はなかったかもしれない。なお、謹慎のころ、遊撃隊頭筆頭は泥舟ではなく、今堀越前守《いまほりえちぜんのかみ》であった。泥舟は慶喜の信頼が厚く、今堀を飛び越えて命を受けることが多かったため、信義を重んじる泥舟としては今堀にも同じ命を与えてほしいと慶喜に懇願した。

慶喜は、もし今堀が不服を唱えるようであれば申せ、今堀を処分するから、ということになった。泥舟は困ったが、ここからしてもいかに泥舟が慶喜に信頼されていたかがうかがえるのである。

慶喜による鉄舟の派遣

三月上旬、いよいよ官軍が駿府に到達した。天璋院や和宮、輪王寺宮などの使者が朝廷や官軍にたてられたが芳《かんば》しい成果はあげられなかった。焦った慶喜は恭順の実を説明すべく、泥舟を駿府の官軍に派遣して説明させようとした。しかし、不満をもった旗本連中のなかには慶喜を旗頭に官軍に一矢報いようとする者もいる。その連中の抑えとして、泥舟は重要だ。泥舟が側にいなければ危ない。

慶喜は泥舟を呼び出し「そなたでなければ、駿府に赴いて余の命を全うできず、さりとてそなたに行かれては不穏な旗本連中を抑える者もいなくなる。そなたがふたりおればよいものを。今、そなたに代わって余の命を全うするものはいないか」と涙ながらに嘆いたのである。泥舟は「諺に子を見て親を知ると申します。今、旗本のなかで上様の命を全うできるものは、わが弟山岡鉄太郎（鉄舟）以外におりませぬ。お命じになりますか」と答えた。慶喜は涙をぬぐって「そなたの言葉に嘘偽りはなかろう。どうして命じないことがあろうか。すぐに命じて駿府にはせしめよ」と言った。しかし、泥舟は「この一大事をお命じになられるのは、まったく軽微なことではござりません。上様が、鉄太郎をお召しになって、直々にお命じになられなければなりませぬ。君命の重さがなければ、ことは成就いたしませぬ。もし万が一、誤って君命を辱めるようなことがあったら車裂きの刑に処していただくのが、よろしかろうと存じます」と言葉を継いだ。

そこで、慶喜は鉄舟を呼び出し、駿府行きを直に命じた。その後、鉄舟は、初めて海舟と面会し、海舟と相談して、海舟が身柄を預かっていた薩摩藩士益満休之助《ますみつきゅうのすけ》を伴い、東海道を下ったのである。官軍がひしめく街道をさけながら、しかし時には堂々と進み、三月九日、駿府に駐留していた官軍参謀西郷隆盛に面会した。

慶喜の意向を伝える

鉄舟は西郷に慶喜の恭順と謹慎の状況を説明し、慶喜の赤心《せきしん》を述べ、徳川家の救解を嘆願した。対官軍交渉担当の海舟が、武力を保持したまま交渉してきていることに不信感をぬぐえず、また、早くから幕府擁護というか、居留地保護を主張していたイギリスの存在に頭を痛めていた西郷は、これを奇貨として、江戸城明け渡し、江戸城内の武装解除、軍艦引き渡し、慶喜の処遇（備前岡山藩預り）など即決して鉄舟に示したのである。ただし、イギリスの圧力に関しては諸説あり、なかったのではないかとするものもある。

ところで、ここで初めて、徳川家処分の具体案が官軍から開示されたのである。これは大きなことである。江戸での海舟・西郷会談は、確認に過ぎないのである。鉄舟は慶喜の岡山池田藩お預けだけを不可として慶喜に復命した。

なお、鉄舟が駿府に至る事情は、圓山牧田・平井正修編『最後のサムライ山岡鉄舟』に収録されている鉄舟の筆記に詳しい。ただし鉄舟は、義兄泥舟の発案から自分が派遣されたことは一切書いていない。明治十五年（一八八二）に書かれたこの筆記が、岩倉具視《いわくらともみ》等、明治政府顕官に提出するものであったため、明治政府には決して出仕しないと決心している泥舟のことを書くと、岩倉から泥舟に仕官の話が舞い込み、泥舟に迷惑が及ぶとして書かなかったものと思われる。

また「高橋泥舟翁事歴」では、泥舟自らの発案で駿府行きを献策したが、能力的にはその任に堪えないので、鉄舟に譲ったのだとさらりと語っている。また鉄舟が再三固辞するのを説得したとも、書いている。いまどれが真実かはにわかに判断するのは難しい。ただし鉄舟は、「幸いにも明眼なる兄泥舟が不肖鉄舟を引き出してくれたのだ」と深く感謝している。いずれにしても、駿府会談のキャスティングは泥舟だったのだ。

以上のように泥舟が推薦して慶喜が直々に、徳川家救解のため山岡鉄舟を大総督府参謀西郷隆盛のもとに派遣したのは間違いないことである。海舟は最初、鉄舟から相談を受け、西郷宛ての手紙を託したに過ぎない（手紙を託したこと、西郷に渡したことなども実は確証に欠ける）。駿府で鉄舟と西郷が会談し、大枠が決まり、その後、鉄舟と海舟が、西郷との詰めを江戸でおこない、江戸城明け渡しの段取りと徳川家の家名存続が内定し、新政府の中で正式に決まったのである。鉄舟が活躍できたのは、泥舟のキャスティングによるところ大なのである。

榎本武揚との関係

いかがであろう。これまで考えられていた「江戸無血開城」とずいぶん違うと思われたのではないだろうか。それでも、江戸無血開城の条件の軍艦引き渡しに反対して暴発しそうな榎本武揚《えのもとたけあき》たちを押さえたのは海舟だ、という向きもあろう。実態は以下の通りである。

旧幕府軍艦を率いる榎本武揚や陸軍部隊を率いた大鳥圭介《おおとりけいすけ》・松平太郎《まつだいらたろう》らが憤激して官軍と一戦交えんとしているところに慶喜の命を受けて暴発を阻止し、恭順するように説得に出かけたのは、泥舟であった。泥舟は「今、忠の心から、上様のために事を挙げようとしていること、その志自体は良しとしよう。確かに譜代《ふだい》・恩顧《おんこ》のものといっても離反していくものが多いし、旗本といってもその心の奥底は計り知れない。しかしながら、官軍に逆らって戦争したとしても、成功しないのは、鏡をかけて見るより明らかである。それでもなお戦うのは、刃を上様の腹に突き付けるようなものである。これを忍ばずしてほかに何を忍ぼうというのか。どうかこのことよくよく考えてもらいたい」と言う。

榎本らは畏《かしこ》まって「はい、はい」と聞いていたが、しかと心を決めることができず、「明日の朝、その答えを出しまする」と言っただけであった。はたして翌四月十一日の朝、江戸湾を見ると、旧幕府艦隊の姿はなかった。泥舟の説得は功を奏さず、榎本らはその夜のうちに品川沖から姿を消したのであった。一時的に館山沖に移動し、新政府に引き渡す軍艦から必要な武器を移設したのだともいわれる（四月二十八日、榎本は八艦のうち四艦を引き渡し、八月十九日に石巻に向け、品川沖を脱走した）。

それを知った慶喜と泥舟は榎本のしたことに大いに落胆したのであった。もっとも榎本は、鳥羽伏見の戦いの敗戦を聞いてすぐに戦線を離脱した総大将慶喜に対して、大きな不信感を抱いており、それはそれでやむを得ない部分ではあった。大坂城をわずかな人数で脱出した慶喜は、榎本艦長不在の幕府最新鋭軍艦「開陽《かいよう》」を強引に出港させ、江戸に帰ってしまったからである。榎本は後続艦で江戸に戻ってこざるを得なかった。当時、阿波沖海戦では榎本艦隊が勝利し、大坂湾の制海権は榎本艦隊にあったから、なおさ

図8　榎本武揚

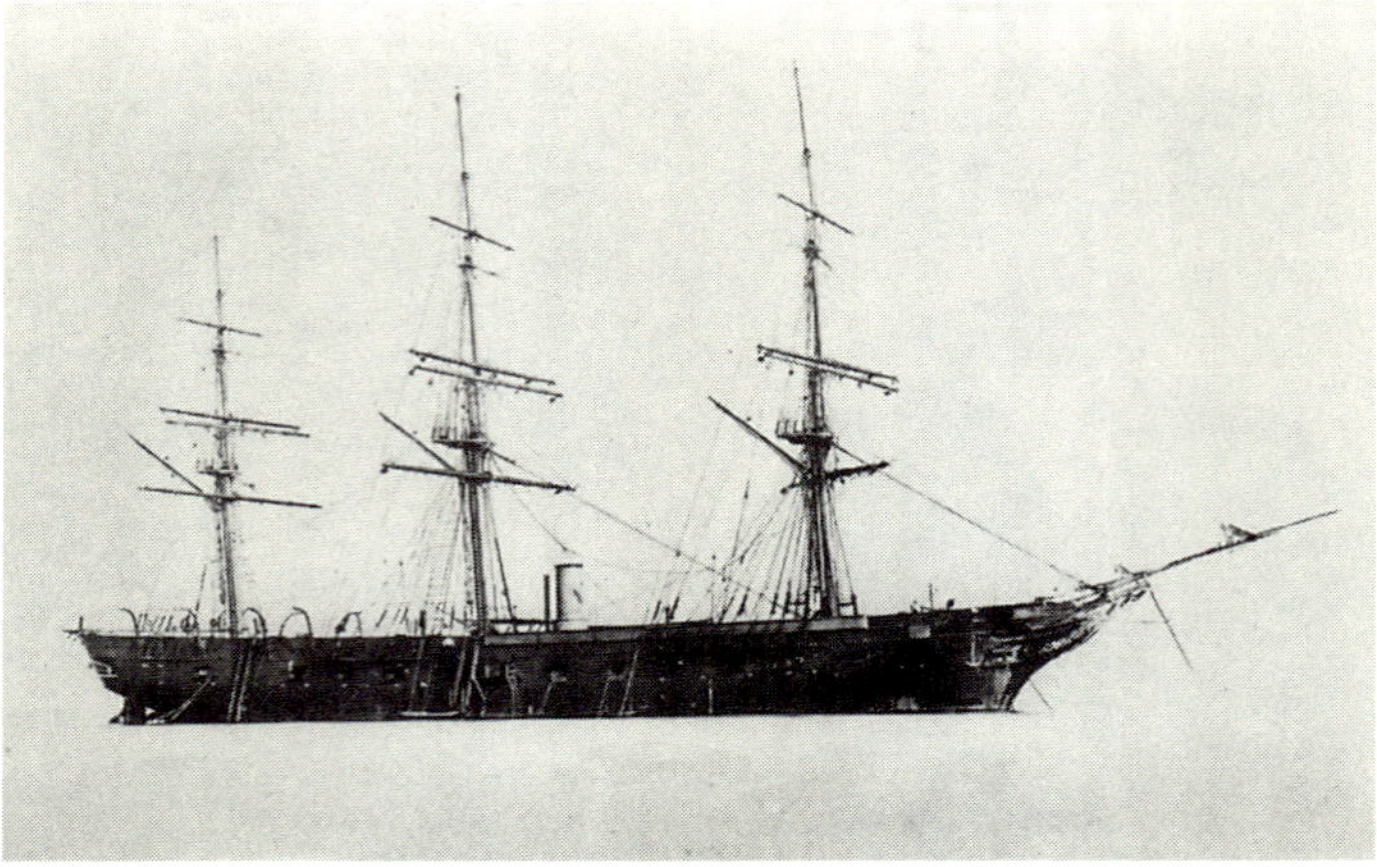

図９　開陽（幕府最新鋭軍艦）

ら、慶喜への不信感はぬぐえなかったのである。それはさておき、話は恭順謹慎した慶喜に戻る。

上野から水戸へ

その後、江戸城が官軍に引き渡された当日の四月十一日、泥舟は慶喜を護衛して上野寛永寺大慈院から水戸に供奉《ぐぶ》したのである。慶喜は弘道館《こうどうかん》に入ったが、泥舟が水戸でどのような生活をしていたのかをはじめ、慶喜の動向に関しては、泥舟の日記から詳しく述べたいと思う。その次に泥舟の足跡が明らかになるのは、幕臣の静岡移住のころである。

すなわち閏四月二十九日、田安家出身の徳川家達《たやすけ》が、慶喜の後の当主として徳川家の家名存続を許された。つづく五月十五日の上野戦争で彰義隊《しょうぎたい》が新政府の大村益次郎《おおむらますじろう》によって滅ぼされた。そして五月二十四日、徳川家達が静岡藩主七〇万石に任命された。泥舟は七月に幕臣の静岡移住事務をおこなう用人《ようにん》に任命され、年末に移住して田中奉行《たなかぶぎょう》・田中勤番組之頭《たなかきんばんぐみのかしら》として活動することになったのである。

さて、ではどうしてこうなったのか。それを、前史、真実、後史として述べていく。

「江戸無血開城」の前史

登場人物素描――高橋泥舟・山岡鉄舟・勝海舟・西郷隆盛

攘夷運動との関わり

ここでは「江戸無血開城」の主な登場人物を紹介しながら、「江戸無血開城」前史を書いておきたい。その際、中心となるのは、高橋泥舟と尊攘派幕臣等の攘夷運動である。何と言っても「江戸無血開城」の功労者は、山岡鉄舟と高橋泥舟なのだが、彼らが世に出るのは、攘夷運動の賜物であり、かつまた鉄舟と泥舟とは切っても切れない関係があるので一緒に書きたいと思う。ただし、泥舟のことはあまり知られていないので、少し詳しく記述することとしたい。また、「江戸無血開城」に関わった勝海舟と西郷隆盛に関しても本章の最後のほうで書いておく。

幕臣高橋家

高橋泥舟の祖先である中世の武将二階堂政貞《にかいどうまささだ》は藤原氏の流れをくみ、相模《さがみの》国《くに》に住み着いた武士であった。政貞から五代の政晟《まさあき》を高橋家初代とする。政晟は小田原城の後北条氏に仕えていたが、豊臣秀吉の小田原征伐で後北条氏が敗北すると下野足利《しもつけあしかが》に転居した。この時より高橋を名のる。二代忠政《ただまさ》の時に江戸に出て、三代包政《かねまさ》の代、寛文元年（一六六一）桜田御殿御台所人《さくらだごてんみだいどころにん》、すなわち将軍家光の三男綱重《つなしげ》（甲府城主、甲府宰相）の家臣となった。四代定利《さだとし》も、甲府宰相綱豊《つなとよ》の御台所人となり、宝永元年（一七〇四）、綱豊が五代将軍綱吉の養嗣子家宣《いえのぶ》となって江戸城西の丸に移徙《いし》すると、これに従い幕臣となった。定利らの桜田御殿家臣団が、六・七代将軍家宣・家継《いえつぐ》の時代「正徳の治《しょうとくのち》」を支えた。高橋家七代包親《かねちか》は評定所留役助《ひょうじょうしょとめやくすけ》となり、八代包実《かねざね》が泥舟の養祖父にあたる。

ところで、泥舟は小石川鷹匠町《こいしかわたかじょうまち》の高橋家隣家の幕臣山岡家から養子に入った。高橋家と山岡家は、館林《たてばやし》宰相といわれた時代の綱吉の小石川御殿の跡地に造られた小石川薬園から江戸城外堀方向に、今の播磨坂《はりまざか》を登りきる手前あたり、つまり春日通り手前左の場所に並んでいた。奥から高橋、山岡である。高橋家は一四〇坪という。幕末の『江戸切絵図』では、高橋家、山岡家も同規模なので、山岡家も同じ一四〇坪と思われる。高橋家を

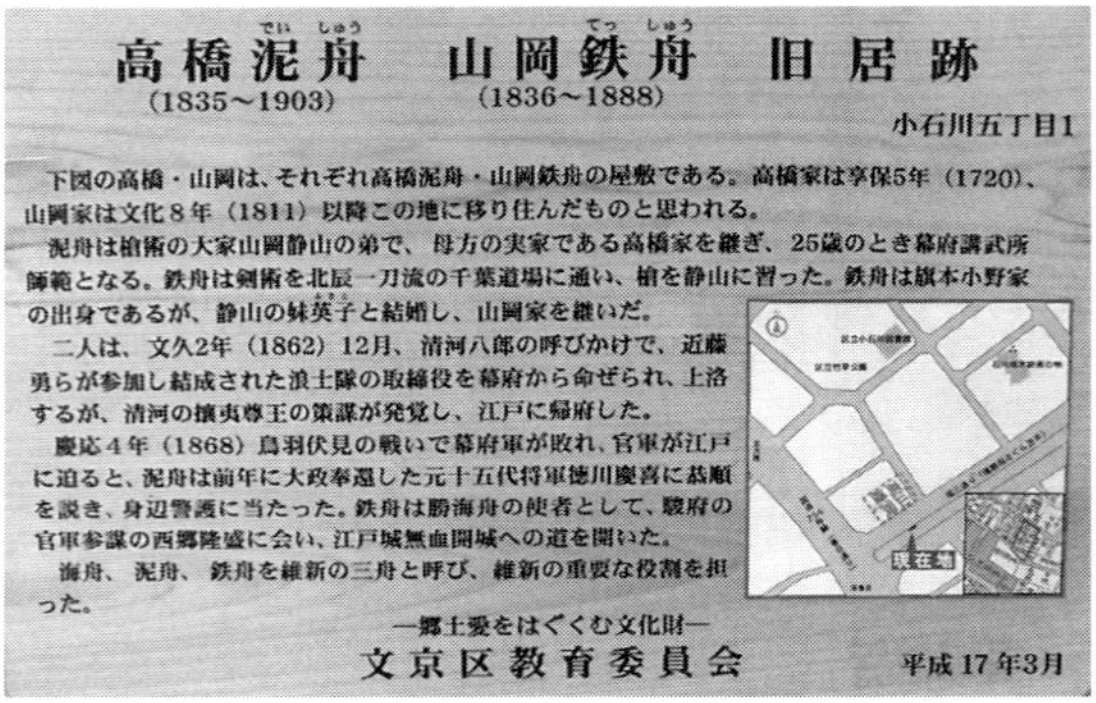

図10　小石川鷹匠町（文京区小石川五丁目）の
泥舟・鉄舟の旧居跡表示板　筆者撮影

挟んで、山岡家と反対側の隣家は大久保家で、高橋、山岡と同規模であるが、大久保家には、泥舟の母の弟、すなわち泥舟の叔父が養子に入っている。ようするに高橋家は両隣りが、親戚の山岡家（泥舟母の嫁ぎ先）と大久保家（泥舟叔父の養子先）であった。したがって奥から大久保、高橋、山岡となる。親戚三軒が、隣り合っていた。

泥舟養祖父高橋包実は、茂左衛門あるいは義右衛門と称し、寛政五年（一七九三）遺跡相続、小《こ》普請入《ぶしんい》り、翌年には支配勘定《しはいかんじょう》となった。文化五年（一八〇八）勘定、文政十一年（一八二八）御《お》目見《めみえ》以上、すなわち旗本となった。天保十二年（一八四一）金奉行（二〇〇俵高）を勤めた。弘化三年（一八四六）、これまでの四〇俵二人扶持から七〇俵二人扶持となり、安政四年（一八五七）には二丸留守居《にのまるるすい》（七〇〇石高）、家禄一〇〇〇俵に昇進した。このとき八十五歳、将軍家定の御前で申し渡された。万延元年

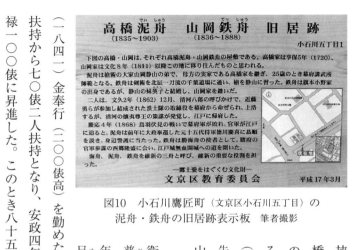

（一八六〇）に八十八歳で職を辞して寄合となった。

泥舟養父鏈之助包承《かねよし》は、包実の養子として高橋家に入り、天保三年勘定、切米《きりまい》一〇〇俵、同十二年漆奉行助、一〇人扶持、同十五年御勘定組頭となり、道中御用を兼務し、安政二年死去した。養父鏈之助死亡の後は養祖父茂左衛門が、これまで通り当主として一家を支えたのであろう。父鏈之助の死の九ヵ月後、泥舟が部屋住みのまま父や祖父と同様に勘定に召し出された。これは、先祖以来の文官としての役人生のスタートだった。しかし、二ヵ月半ほどたった、安政三年三月、泥舟は、講武所《こうぶしょ》槍術《そうじゅつ》教授方《きょうじゅかた》出役《しゅつやく》を命じられた。講武所は、とかく惰性に流れがちな旗本・御家人に喝《かつ》を入れるため、ペリー来航直後の安政元年に老中阿部《あべ》正弘《まさひろ》が設置した武芸練達の機関講武場に始まるものである。ここから、泥舟の武官としての実質的なキャリアがはじまった。正式には同年十一月の、「槍術格別出精」「業前も宜」として新番に番替えになったところからとなるが、しかし、もともと文官が武官になるのは比較的珍しいことだった。

幕臣山岡家

さて、山岡家は、泥舟の実家で、万延元年（一八六〇）には鉄舟小野鉄太郎が泥舟の妹英子の婿となって嗣子《しし》として入っている。ようするに泥舟の方は、母の実家高橋家に養子に入っていたので、山岡家の嗣子には鉄舟が望まれたという

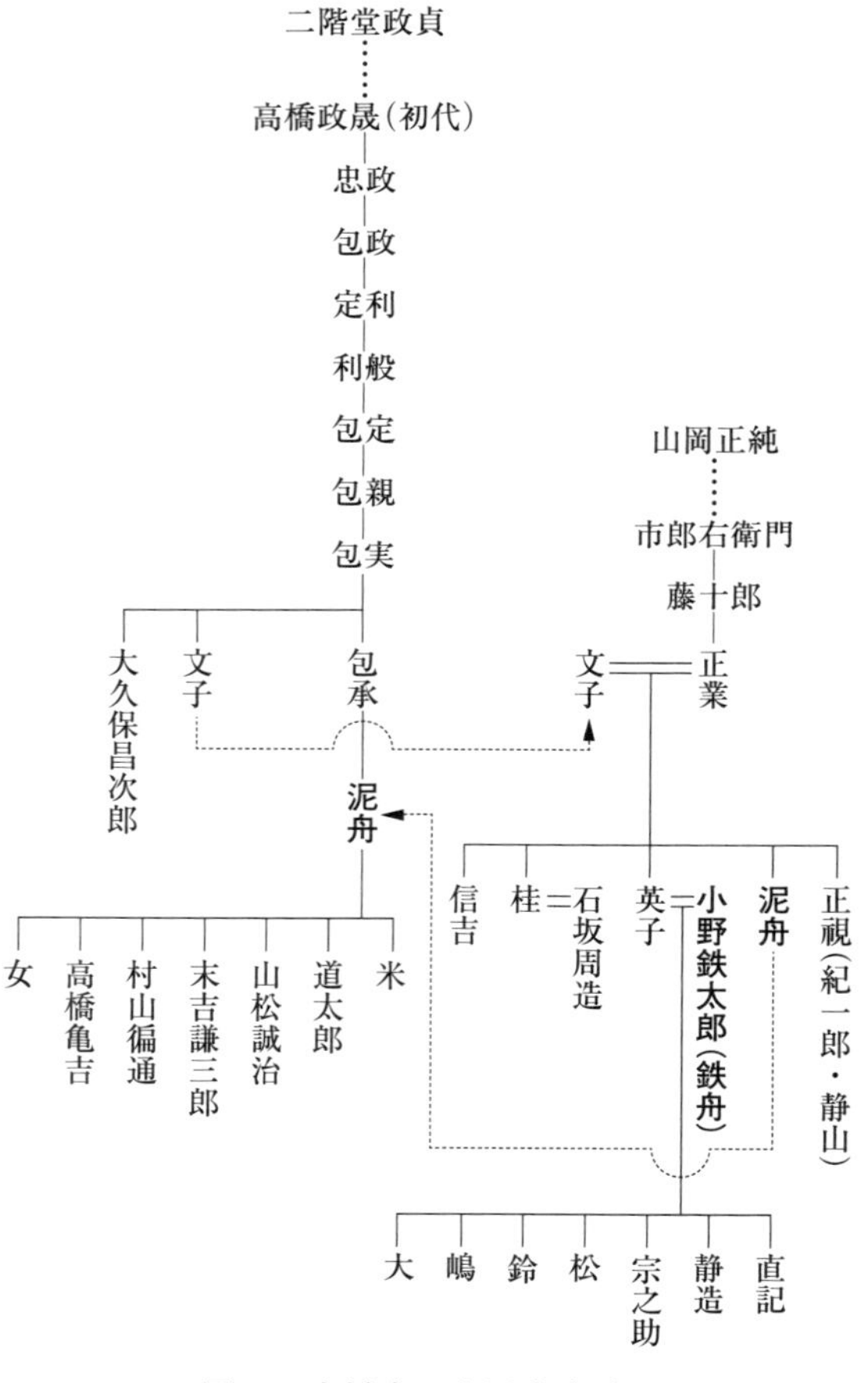

図11　高橋家・山岡家略系図

わけである。泥舟の養父高橋鏈之助は母の実兄にあたり、同じく泥舟養祖父高橋茂左衛門は母の実父なので、つまり実の祖父でもあることから、すなわち外孫が高橋家を継いで、内孫になったのである。

さて、山岡家は、近江《おうみ》の出身だ。三代将軍家光の時代に、当主正純《まさずみ》が禁裏普請奉行《きんりふしんぶぎょう》を勤めたが、過失があって知行三〇〇〇石を召し上げられ、膳所《ぜぜ》城《じょう》本多氏に預けられたという。その後、子孫は江戸で命脈を保ち、一〇〇俵五人扶持をもって徳川将軍家に仕えていた。本来なら山岡家は三〇〇〇石、まさに大身《たいしん》の旗本であったのだ。

図12　山岡家累代の墓（蓮華寺，文京区白山）　筆者撮影

泥舟の父親市郎右衛門正業《まさなり》は、小普請組から小《こ》十人《じゅうにん》となった。正業の父藤十郎も小普請から同じく小十人、おそらく何らかの故あって再び小普請となった。その先代市郎右衛門も小十人であった。

小普請とは非役（無役）の旗本で、小普請金を拠出するのが仕事。小十人とは、将軍が外出する時の徒歩による警備担当である。やはり、正純時代の改易が、山岡家の子孫にとっては至極残念なことであっただろう。

ところで、山岡家正業が病死の後は、泥舟の兄紀一郎正視《まさみ》が継いで、新番となったが、小普請入を願い出て、小普請となり、そのまま若くして亡くなった。水練中の事故死とも言われている。泥舟の弟で、正業三男の信吉が遺跡を家督相続したが、障害があったため信吉の後継者として、ようするに泥舟の妹英子の夫として、迎えられたのが小野鉄太郎、すなわち鉄舟だったという訳である。

なお、鉄舟が山岡家の家督を相続したのは慶応四年（明治元年〈一八六八〉）四月で、前述の西郷との駿府会談時は、まだ部屋住みの、ある意味身軽な身分だった。鉄舟の妻英子は、泥舟とは兄妹関係、信吉とは姉弟関係にあったから、泥舟と鉄舟と信吉は義兄弟。鉄舟は山岡家の婿養子ということになる。なお泥舟の一番下の妹は桂《けい》で、桂が生まれた当初は、幼い泥舟が負ぶって子守をした。泥舟は、桂を清河八郎《きよかわはちろう》の妻にしようとしたこともあったらしい（後述）。桂は後に幕臣石坂《いしざか》周造《しゅうぞう》の妻になった。

幕臣小野家

では、鉄舟の実家小野家はどのような家か。小野家は、奈良時代、聖武天皇に仕えた、右大臣橘《たちばなの》諸兄《もろえ》の系統とされる。系図上は、いわゆる源平《げんぺい》藤橘《とうきつ》の由緒正しい家柄である。鉄舟の父親は朝右衛門高福《たかとみ》といい、六〇〇石の旗本であった。高橋家・山岡家よりも格段に高い家柄だ。もちろん山岡家が改易にならなかったならば、山岡家が一番だが。

さて、小野家の知行地は常陸《ひたち》にあり、その管理を鹿島神宮《かしまじんぐう》の神官塚原石見《つかはらいわみ》に依頼していたことから、石見を用人《ようにん》として召し抱えた。そして、高福は、石見の娘を後妻として迎えた。二人の間に生まれたのが、鉄太郎であった。

図13　鉄舟が幼少期を過ごした高山の飛驒郡代陣屋　筆者撮影

高福は、御蔵奉行《おくらぶぎょう》を務め、弘化二年（一八四五）、飛驒郡代《ひだぐんだい》（飛驒高山に陣屋《じんや》、高山郡代とも称した）に就任した。飛驒郡代は、飛驒一国および美濃《みの》・越前《えちぜん》の天領（幕府領）を支配した地方行政官吏で、江戸時代を通じて、関東郡代・美濃郡代・西国筋《さいごくすじ》郡代・飛驒郡代の四郡代があった。飛驒郡代は、郡代初任者が多かったというから、高福の就任は順当で、すでに高齢になっていた高福にとっては栄転であった。鉄舟は十歳から十七歳まで飛驒高山で過ごした。高福は、鉄舟ら子弟の教育に意を注ぎ、江戸の千葉《ちば》周作《しゅうさく》道場玄武館師範井上八郎清虎《いのうえはちろうきよとら》らを招いた。鉄舟は井上から北辰一刀流《ほくしんいっとうりゅう》を学んだ。また書は、高山商家の出身で弘法流の能書家岩佐一亭《いわさいってい》に学んだ。その後、井上は、鉄舟と長きにわたって交際・交流することになる。井上は、後述する慶喜の水戸行き当日、寛永寺大慈院玄関で慶喜に御目見えして見送りをしたことがわかっている。

ところで、鉄舟十六歳の時、母が亡くなった。半年たった翌年、十七歳の時には父高福が飛騨郡代のまま亡くなった。相次いで父と母を高山で失った。鉄舟のほか、金五郎・鎌吉・駒之助・飛馬吉・留太郎が残された。なかでも留太郎は、まだ幼く、江戸に戻った鉄舟兄弟は、父高福の先妻の子で、父亡きあと小野家当主になった鶴次郎の小石川小日向屋敷に身を寄せた。鶴次郎は、鉄舟が父から譲り受けた遺産の金で弟たちを養子に出した。その世話をしてくれたのが高山時代の剣術の師匠井上八郎でもあった。鉄舟が山岡家に入ることになったのも井上の仲介による。鉄舟・英子の媒酌人は井上である。また井上は静岡藩で権大参事《ごんのだいさんじ》の鉄舟を浜松城代として補佐し、静岡では第二十八国立銀行（静岡銀行の源流の一つ）の頭取となった。井上は、鉄舟のことを生涯を通じて、気にかけていたという。父高福は、お金ばかりでなくよい師匠を鉄舟に付けてくれたということができる。

泥舟の芸

先に見た泥舟の養祖父高橋茂左衛門も養父鏈之助も、実は槍の名手であった。特に父鏈之助は、槍が刃心流《じんしんりゅう》、長刀が穴沢本流《あなざわほんりゅう》、拳法・棒術が天真《てんしん》正法無嗅流《しょうほうむきゅうりゅう》、剣は天真正法無嗅流、克己流《こつきりゅう》、真心当流《しんしんとうりゅう》を合わせて体得したという。泥舟は、この祖父・父に武術を学んだ。

また、泥舟は槍の名手の誉れ高い実兄、静山山岡紀一郎正視《まさみ》にも学び、最も影響をうけたといわれる。静山の槍は、静山にとっても祖父である高橋茂左衛門にも学び、さらに自ら刻苦勉励したもので、厳冬に裸体で腹に縄を巻き、汲み置いた水が凍っているのも厭《いと》わず、砕いてかぶり、二貫三〇〇匁（約八・六二五キロ）の槍を毎夜一〇〇〇本突くこと三〇日に及んだものだった。その結果、目の前に飛んできた乾いた泥を槍で粉砕して四方に散らすという技を泥舟も弟子たちも目撃したという。

ところで、静山と泥舟の母は、常日頃から「おまえたちは幸いにして昇平の日（太平の世、平和な時代）に生まれた。もとより君恩は海よりも深く、山のごとく高い。いつの日にか、有事の際は、それにお応えせねばならない。そのために武芸を磨き、君恩の万分の一でも返さねばならない。お前たちはこの言葉を心に刻んで志を立てなさい。もし不幸にして戦いで私よりも先に死ぬことがあっても、忠孝を全うすることが大切だ。それであれば不孝ではない。どうして遺憾なことがあろう」と諭していたという。二人はこの母の言葉を深く心に刻んでいたにちがいない。来るべき日に備えて兄弟でともに武芸を磨いていた。母の言葉は、泥舟の人生の節目節目に常によみがえっていたものと思われる。

また静山は、泥舟ら弟子たちに「徳を積むことで勝て。ともかく自分に勝て。不実でない、正直の勝利でなければならぬ。天命をわきまえ修行せよ。うぬぼれてはならない。学ぶのは正邪を知るためなのだ」という言葉を残している。これらも、泥舟の人生の節目に現れたであろうことは想像に難くない。これらは泥舟が母や静山から学んだことの一端である。静山は、槍術の技術だけでなく、人としての生き方をも教えたのである。

ところで、能書家として知られる泥舟であるが、その師匠は、狩谷棭斎《かりやえきさい》と小島成斎《こじませいさい》に学んだ唐様書家河嶋文平《かわしまぶんぺい》という。なお、棭斎は著名な考証学者、成斎は市川米庵《いちかわべいあん》に師事した福山藩士で、老中阿部正弘のブレーンでもあった。また泥舟は成斎からも手本を与えられている。いずれにしても我流ではなくきちんとした書道の師匠から学んでいる。そのうえでの楷書は「温雅端正」、草書は「梅の古木か龍の筋脈の如」き書風。特に楷書は神技的だ。幕末三舟の中で、誰が最も上手かといえば、泥舟である。次が鉄舟、最後が海舟である。世に知られた順番とは逆である。やはり、楷書という基本をきちんとかける人は、ど

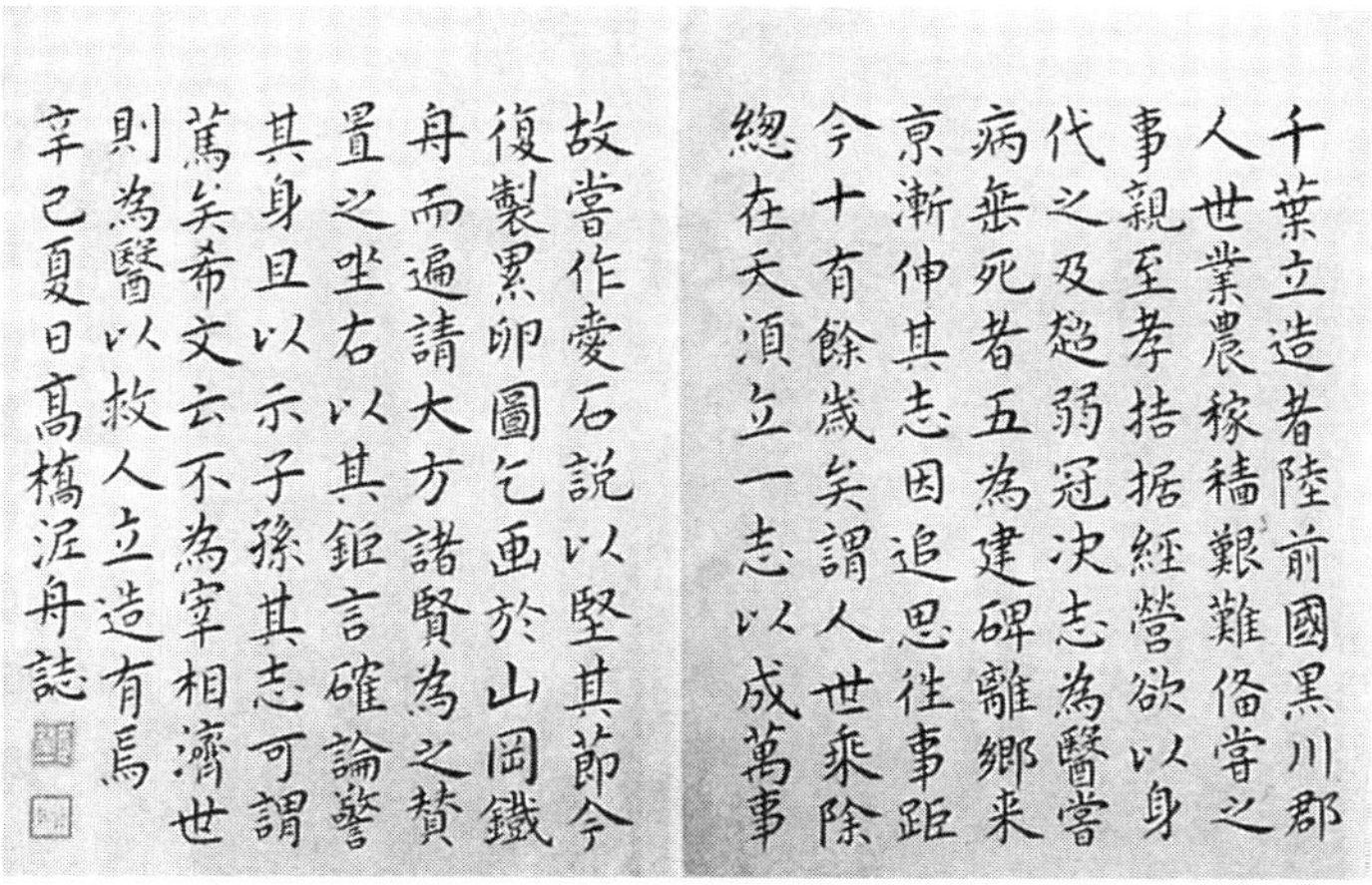

千葉立造者陸前國黒川郡
人世業農稼穡艱難倫嘗之
事親至孝拮据經營欲以身
代之及翅弱冠決志為醫嘗
病歿死者五為建碑離郷来
京漸伸其志因追思往事距
今十有餘歳矣謂人世乗除
總在天須立一志以成萬事
故嘗作愛石説以堅其節今
復製累卵圖乞画於山岡鐵
舟而遍請大方諸賢為之賛
置之坐右以其鉅言確論警
其身且以示子孫其志可謂
篤矣希文云不為宰相濟世
則為醫以救人立造有焉
辛巳夏日高橋泥舟誌

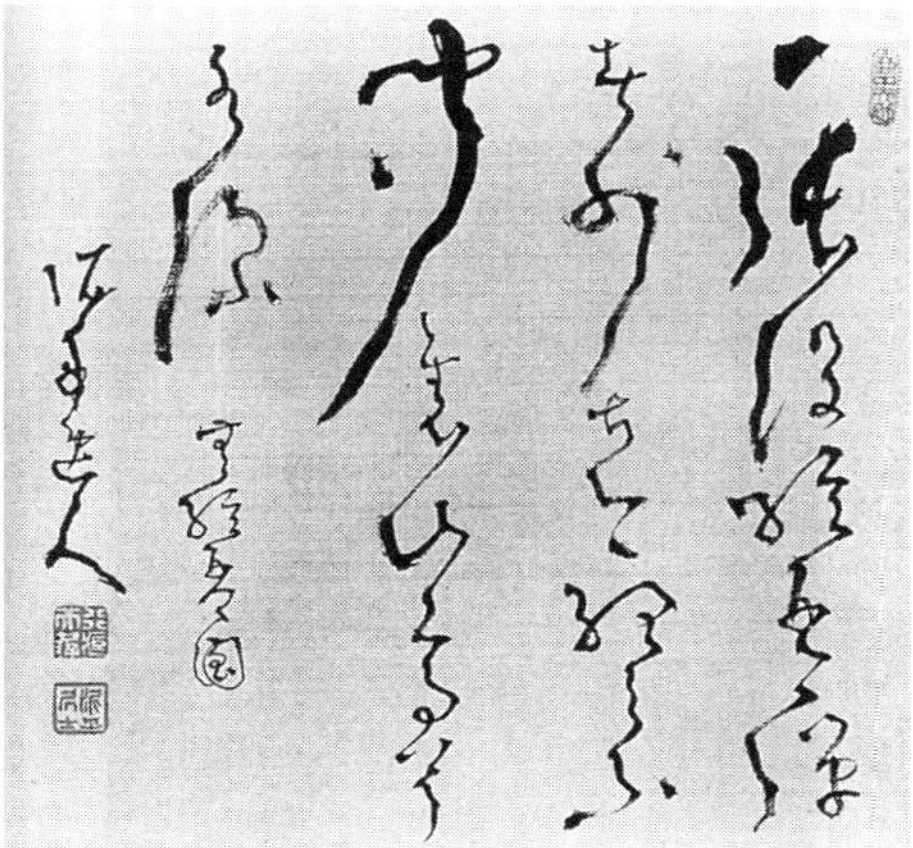

図14　高橋泥舟の書　河越關古氏所蔵資料
（上）泥舟の主治医千葉立造に関する撰文
（下）一張没絃琴　弾者少古今　聴之不聞裏　山高千
水深　無絃琴圖　泥舟逸人

んな字を書いても上手い。現代の書道の世界でも泥舟の書は好きな人が多いという。事蹟はあまり知られていないが、字が好きだという人が多いのだろう。人の人気ではなく、字そのものに人気があるのだと思う。それはやはり本物だからだ。基本ができているからだと思う。

泥舟と鉄舟

さて、ここまで山岡家・高橋家について見てきたが、泥舟は、天保六年（一八三五）二月十七日に、幕臣山岡市郎左衛門正業とその妻文子の間に生まれた。前年の天保五年六月には江戸の三三万人の窮民に対し幕府から米が施されていたし、大坂では米価高騰により打ちこわしが起きていた。泥舟が生まれたこの年四月も美濃で大規模な打ちこわしがあり、五月には畿内で農民らが肥料値下げを訴えて役所に押しかけた。七月に幕府は幕臣に対して冬季給米の前借を許可していた。天保四年に始まった天保の大飢饉《だいききん》の真っ最中の同六年に生を受けたのである。大飢饉は天保七年がピークで、この年の六月十日、小野鉄太郎、後の山岡鉄舟が江戸本所大川端四軒屋敷で生まれている。翌八年には大塩平八郎《おおしおへいはちろう》の乱も勃発した。家族が、世情や世相を憂い、生活のことなどで困窮するさまを、幼い泥舟も見聞きしたのであろう。それがのちの泥舟に及ぼした影響はあったと思う。鉄舟も同じだったろう。ただ、鉄舟は、十歳の時高山に移り住み、十七歳で江戸に戻ったから、当時としては、まれな地方暮らしを経験している。

ところで、泥舟は次男である。長男は、槍一筋の紀一郎、文政十二年（一八二九）生まれ、泥舟とは六歳ちがいである。すぐ下の妹が四歳ちがいの英子（山岡鉄舟の妻、したがって鉄舟とは三歳ちがい）、さらにその下に泥舟とは七歳ちがいの桂（石坂周造の妻）があった。最後に生まれた三男が信吉で、泥舟とは十歳ちがいということになる。

泥舟の出世

修行に一途な泥舟に転機が訪れたのが、二十一歳の時、安政二年（一八五五）であった。勘定組頭であった養父鏈之助が亡くなり、兄静山をも失い、門弟を引き受けて、師匠として独り立ちせざるを得なかった。もっとも祖父茂左衛門は存命で、八十三歳、金奉行（二〇〇石高、幕府の金庫管理、配下に元締四人・同心二三人・見習六人）を務めており、一家の大黒柱は健在だった。泥舟は、この年、部屋住みのまま、勘定に任命された。正式に月番老中牧野《まきの》備前守忠雅《ただまさ》から申し渡されたのは十二月二十一日で、月番若年寄鳥居《とりい》丹波守忠挙《ただひら》が侍する江戸城本丸御殿躑躅《つつじ》の間《ま》においてであった。

なお、勘定は、御目見以上、嘉永年間には二五〇人。勘定奉行・勘定吟味役・勘定組頭という勘定所の首脳部のひとつ、勘定組頭の次席で、役高一五〇俵である。祖父が金奉行、父が勘定組頭であったから、最初の職としては順当だ。穏便に役務をこなしていけば、父の勘定組頭そして祖父の金奉行、さらにその先の勘定吟味役くらいまで行ったかもしれない。しかし早くも翌三年、二十二歳の三月にはさらなる転機となる事件が起きた。

アメリカのペリー、ロシアのプチャーチン、そのほか度重なる外国勢力の圧力に武備充実が叫ばれ、同年三月、幕臣の武術鍛錬を目的とした講武所が築地に創建された。老中首座阿部正弘の肝いりで設けられたものだ。槍術・剣術・砲術が主なもので、ほかに水練が教授された。要するに泰平の世に慣れきって弛んだ幕臣の武術鍛錬の訓練施設だ。講武所開設と同時に泥舟は先述の通り槍術教授出役に任命されたのである。勘定の身分のまま、武官の教官になったのである。

これは、もともと祖父の代から槍術の私塾を開設していたといわれるから、ある程度は考えられることだが、高橋家は、のちに六代将軍になる家宣の父綱重の時分に、その屋敷である桜田館に出仕して以来、役職および身分的には役方（武芸よりも実務に長じた吏僚、文官）であったから、まさに抜擢人事である。この時期の実力主義の人事といっていいだろう。その実力主義を裏付ける、大勝負が、講武所開設間もない安政三年四月二十七日、泥舟を主役にして持ち上がった。この話は、江戸の情報屋、古本商藤岡屋《ふじおかや》由蔵《よしぞう》が綴った『藤岡屋日記』第七巻に収録されている。また、『高邁なる幕臣　高橋泥舟』でも言及したが、いささか考え直した点もあるので再論する。

一世一代の大勝負

講武所開設当初の槍術教授は、神保平九郎、飯室孫兵衛、駒井半五郎、山口弁蔵、吉田勝之助、安藤惣兵衛、勝顕三郎、加藤平九郎、高橋謙三郎、長尾小兵衛であった。これらの教授連に挑みかかったのが、宝蔵院流《ほうぞういんりゅう》駒井《こまい》半五郎《はんごろう》門弟《もんてい》井戸《いど》金兵衛《きんべい》であった。

井戸は、なかなかの使い手ではあったが、試合の時は槍の穂先を長い二尺にし、相手の手元に付け入り、足をからめて早業で投げ飛ばす妙技をあみだした。教授たちでさえ投げられてしまったので、そのような戦い方はよろしくないと意見をしたが、井戸は「戦場では力がものをいう。投げようが、何をしようが、首をとったもの勝ちだ」と取り合わず、投げるのがますます面白くなり、やめることなく増長するばかりであったという。

ある日、井戸は教授の吉田勝之助に勝負を申し込んだ。吉田もかねて井戸にはてこずっていたので、「自分の番ではないので、ほかの方にお譲りする」とした。ところが、井戸は納得せず、「ぜひぜひお手合わせ願いたい」と食い下がり双方声高になるに及んで、総裁久貝《くがい》因幡守まで出てきて取り鎮めようとする騒ぎに発展してしまった。その場は何とかおさまったが、その後、手強い井戸を「教授方世話心得」に申し付けたから、かえって増長し、ますます投げ技を使うようになり、皆がもてあますようになっていた。

そこに泥舟が出勤してきた。井戸と泥舟が手合わせするのは初めてだった。井戸はもちろん投げるつもりで試合を申し込んだ。井戸としては、泥舟の兄静山が刄心流の江戸一の使い手だったことはかねて承知の上であり、泥舟を投げ飛ばせば、いよいよ講武所の大天狗になれるとふんだ。いよいよ試合と相成った。泥舟は、井戸が相手の足をからめ投げることを知っていたので、自分から足がらみをかけ、逆に井戸を投げ飛ばしてしまったのである。これには井戸も降参し、「今日ばかりは稽古になりました。ありがたき幸せです」と言って引き込み、これ以降は投げをしなくなったという。江戸の情報屋の記録『藤岡屋日記』では「習ふよりなげろ」と題して「井戸内の蛙でひょひとなげたとて　広い山岡其名は高はし」との狂歌を収録している。井の中の蛙である井戸をひょいと投げたという評判だ。ひょいと投げて拾い上げたのは、心の広い、元山岡こと、高橋で、その名を高めたものよ、とでも訳せよう。泥舟の槍は江戸中で評判となったのである。わずか二十二歳の時である。これ以降、なぜ泥舟が力を持ってくるのかと言えば、やはり、槍の力が大きかったと考えられる。

ちなみに井戸金兵衛は、井戸金平とも表記される。井戸は、泥舟との試合の約半年前の安政二年に、三十二歳で一八〇〇石の家督相続をして小普請入になったばかりであった。父親は小納戸《こなんど》、小十人頭を務めたこともあるが安政二年には小普請入りしており、勤怠上で何かあったのではないかとも思われる。また祖父は従五位下美濃守、槍奉行にまでなっていた。そうした焦りが井戸にはあったためにあのような荒っぽいことをしたのであろう。

後のことであるが、泥舟が差控え（出仕せず、自宅謹慎すること）になって、さらに差控えが免じられた直後の文久三年（一八六三）十月、井戸は講武所槍術教授方出役になっている。その後、井戸は、小性組、両番格奥詰《りようばんかくおくづめ》、小納戸、布衣《ほい》、寄合、使番にまでなっている。ここからすると、井戸にとっては、泥舟との試合で負けたことが、心を入れ替えるきっかけになり、それが出世の糸口になったものと思われる。試合以降の泥舟と井戸とのかかわりに関しては、それをあきらかにする史料がいまのところないが、もしかしたら井戸の出世に泥舟がかかわっていたかもしれない。

ともかく井戸のように実践的、実力主義を標榜する荒々しい連中にも物おじせず、二十二歳の泥舟は鍛錬の槍で勝利し、高橋の名を高らしめた。この話は、講武所の教授連中に対して、彼らは実戦に役立たないという泥舟の批判と静山の泥舟評、実戦に強いという話ともリンクする話だ。泥舟は「教授たちは、みな指南家ではあるが、自分の道場で修業して他流試合をしたこともない人たちなので、本当の技に習熟した人はいない。自分は若年とはいえ兄上と共に天下の達人とたびたび試合もしていたので、同輩に少しも劣らなかった」と述懐し、むしろ勝っていたのだとさえいいたげな泥舟の姿がみてとれるのは、この宝蔵院流井戸との試合が下敷きになっていたのである。

将軍の親衛隊として

さて、泥舟のその後の出世をみていこう。既述のように、安政二年部屋住みから召し出され勘定となり、同三年講武所槍術教授方出役に任命された。同年には「槍術格別出精」「業前も宜」しくとして、新御番に番替えとなり、晴れて役方から番方に編入され、名実ともに武官となったのである。同四年には祖父茂左衛門が布衣（朝廷の位階でいえば六位に相当）であることから御書院番《ごしょいんばん》に番替えとなった。御書院番は将軍の親衛隊である。ただし、正式には新御番から両御番に番替となったが、両御番のうち御書院番とされたようである。万延元年（一八六〇）槍術師範役並出役となったが、これは教授よりも上位職である。文久元年（一八六一）奥詰となった。これは、講武所の武家衆五八人が、交代で毎日四、五人が、中奥役人の指揮下に江戸城内の殿中に詰めて将軍の警護に当たり、また将軍が外出の際は道中警護に任じられたものである。おそらくこれまでの番方では実力不足と考えられたため、最も実践的な講武所にその任が回ってきたものだろう。泥舟にはうってつけの役職だったし、泥舟らの実力が大いに認められた証拠でもある。後年、泥舟が将軍の警護役である遊撃隊の幹部になるのは、この時の精勤と腕前がものをいったのかもしれない。

ただし、文久元年の落書《らくしょ》「当世物ハ尽し」には「わからない物は」として「奥詰と吉原のかこい者」とあって、奥詰は吉原出身の囲い者と同様にわからないものとされている（『江戸時代落書類聚』中巻）。なお、「当世物ハ尽し」には「壱人でりきむ物ハ」として「講武所連中と門徒宗のかたまり」とあって、講武所の若手連中が、一向宗よろしく独りよがりに力んでいる様子がうかがえる。

この年春から対馬《つしま》では、ロシア軍艦ポサドニク号が、軍港建設のため居座り続け、対馬藩が幕府や長州藩に支援を求めたが、幕府は、調査のため派遣した小栗上野介忠順《おぐりこうずけのすけただまさ》が、解決できないまま免職となり、攘夷熱が高まっていた。また、水戸浪士による高輪東禅寺《たかなわとうぜんじ》（イギリス仮公館）襲撃なども起こっている。こうしたこともあって、武術を鳴らす講武所の若手連が、外国勢力の横暴などに悲憤慷慨《ひふんこうがい》していたさまが、この「当世物ハ尽し」から垣間見ることができる。しかし、それも庶民から見ると「壱人でりきむ物」とされているのはなんともいえない。彼ら講武所連は民衆からかい離した存在だったのだろう。

なお、泥舟は、同年には両御番上席となり、また「御用出精《ごようしゅっせい》」により巻物三を下賜《かし》された。さらに同年には万延元年に隠居していた祖父の家督一〇〇俵を相続した。ここに高橋家は、泥舟が当主になったのである。二十七歳であった。文久二年には講武所槍術師範役で二丸留守居格布衣、奥詰はこれまで通りとなっている。二丸留守居には祖父も安政四年になっており、それを由緒にこのような形になったのであろう。二丸留守居は、七〇〇俵高布衣であるから、二丸留守居じたいは閑職とはいえ、高橋家にとってはたいへん名誉なことである。さらに上を望める地位につけたということだ。

浪士取扱の仕事

かくして文久三年、泥舟は一橋慶喜の差添で上京を命じられ、御用中は徒頭《かちがしら》次席《じせき》、奥詰免除となった。これは将軍家茂が上洛することになり、その地ならしとして将軍後見役慶喜が先行して上洛することになったが、その慶喜に随行して上京となったものである。徒頭は、一〇〇〇石高布衣、将軍外出の際、先駆けして沿道を警戒するのが職務である。もともと武芸の達者なものが務めたため家禄《かろく》が少なくても問題がなく抜擢されたようだ。このとき、元来手勢の少なかった徳川慶喜は、水戸藩などから人員を集めたので、従者は一橋家（幕臣）、水戸藩、幕府関係者など混成チームであった。こうした烏合の衆をひとまとめにして動かしていくのは容易ではない。泥舟はその任によく当たったのであろう。こうして同年には浪士取扱となり、さらに諸大夫となり、従五位下伊勢守に叙任された。従五位下となり官職や受領《ずりよう》名を受けることを諸大夫《しよだい》成《ぶなり》という。ここに泥舟は正式に「殿様」となった。家禄一〇〇俵の家柄では大出世である。

この件に関して、明治二十九年（一八九六）に泥舟が語った「経験談」（『高邁なる幕臣高橋泥舟』に翻刻・収録）には以下のように記されている。すなわち、泥舟が徳川慶喜や松平春嶽《まつだいらしゆんがく》に正論を口うるさく言うために、慶喜や春嶽から依頼されて老中小笠原長行《おがさわらながみち》が少し意見をのべることを抑えよと泥舟に注意した。泥舟はそれならば自分は不必要なので、江戸へ帰るまでと話すと、小笠原はさすがにまずいと思ったのか、将軍に諮らずに独断ででも泥舟が望む役職につけるとした。そしてその後、そうした役職云々にかかわりなく、小笠原にさまざまな政治的建策をしたことで、泥舟は小笠原によって諸大夫に進められたのだとする。さらに小笠原から「今度のそなたの任官は通常のものではけっしてなく、もし辞退したならば、幕府が朝廷から罪せられるから必ず受けるように」といわれ、しぶしぶ伊勢守になったというのである。しかし、それから浪士取扱を命じられたため、それが自分の「困難に陥る初めであ」ったと明治二十九年の泥舟は感じていたのだった。つまり京都にいる間、小笠原に大いに取り立てられ、泥舟の建策が実現しそうな感じであった。それだけに若気の至りで大いに威を張ったため諸役人に憎まれ、浪士を引き連れ江戸に帰還することになった。それから江戸で浪士のことを建言したが、そのためかえって疎まれ、罪人になったとする。浪士たちはもはや幕府や将軍を守るから一歩前進して朝廷の軍隊として生きること、攘夷実行をおこなう真の軍隊へと脱皮しようとしていたので、泥舟の手にあまる存在になっていたのだ。

異例ずくめの泥舟の諸大夫成

ところで泥舟の伊勢守の叙任《じょにん》は、孝明《こうめい》天皇の加茂社行幸《かもしゃぎょうこう》と同日におこなわれ、幕府の正式な記録『続徳川実紀』第四篇でも綱文をたてて特に記されているものだ。すなわち文久三年（一八六三）三月「十一日加茂上下社行幸供奉被遊《あそばされ》。高橋謙三郎諸大夫被仰付《おおせつけられ》。」とあって、そのあと加茂行幸と将軍家茂の記事が記され、その日の最後に奥詰槍術師範役・浪士取扱の高橋謙三郎に「諸大夫」が仰せ渡された記事がある。すなわち、泥舟は、諸大夫成を二条城の新番所前溜で板倉勝静《いたくらかつきよ》から申し渡された。若年寄田沼意尊《たぬまおきたか》が侍座していた。旗本の諸大夫成の場合、老中から申し渡され、若年寄が侍座するのは、まったくこれまで通りである。

そもそも武家官位叙任の原則は、官位の叙任権は将軍にあって、朝廷の意向に左右されることなく、将軍の「心入《こころいれ》」（計らい、思し召し）でおこなわれるもので、将軍から呼び出され任命されて、御礼をして基本的には終わりである。ただ形式的にはその年のものを幕府高家が取りまとめて、朝廷に奏請《そうせい》し、そのまま認められて、後で位記口宣《いきくぜん》を高家から頂戴するという手続きが長年取られてきた。そうしたなかで、泥舟が、京都で一人だけこのような形で、諸大夫成となったのには、朝廷側に何らかの意図があったにちがいないが、実のところはっきりしない。

泥舟自身は河越關古《かわごえかんこ》『泥舟』に収録された「履歴」のなかで「従来叙任ハ幕府手限ニテ申渡シ歳末ニ至リ合セテ奏上セシヲ　余カ叙任ヨリ古ニ復シ勅許ノ上上命セラルルコトトナリシナリ」と述べている。つまり、朝廷側に将軍の叙任権をはく奪して古の政令一途に出るを志向していたとしている。現在、そこまで確認できる材料をほかに持ち合わせていないが、泥舟本人は少なくともそう思っていたと考えて間違いはない。さらに一歩進めて、幕府内尊攘派幕臣や浪士たちが、朝廷内尊攘派と連携して、このような叙任がおこなわれたのではないかとするのはどうだろうか。あながちうがちすぎではないと思う。泥舟が浪士取扱だけになんらかの背景があることが、おおいに考えられる。以下、さらに説明しよう。

この時期の武家官位に関しては、たとえば文久二年七月ころに勅使大原重徳《おおはらしげとみ》を擁して江戸に下った無位無官の島津久光《しまづひさみつ》にたいして、従四位上・中将を推任しようという動きが薩摩藩側からがあったが、幕府上層部の拒絶にあって実現しなかった。さらに、泥舟の諸大夫成直前の文久二年末から翌年正月にかけて、諸大夫成関係の幕府文書の改正が朝廷から要求されていた。また、文久三年正月十七日には、朝廷が幕府に相談なく長州藩主毛利慶親《もうりよしちか》を参議に推任しようとして、それが実現してしまったことがあった。すなわち、長州藩は幕府に事前伺いもせず、在京の将軍後見職徳川慶喜に報告しただけであった。この背景には尊攘派三条実美《さんじょうさねとみ》の画策があったという。幕府側には武家官位の崩壊への危機感が残ったとも言われている。

したがって、加茂行幸当日に泥舟が諸大夫成となったのは、こうした動きと一連のものであろう。しかし、注意しなければならないのは、あくまでも幕府の従来のしきたりの上に申し渡されているので、これが直ちに幕府権威の失墜にまでいったかというと、そうでもないということだ。朝廷内尊攘派とすれば、毛利慶親の例のように幕府に断りなく、幕臣を自由に叙任できれば、すこぶる大きな政治的勝利となるが、そこまでは到底できなかった、いかなかったということである。それは、なによりも推任される泥舟とて、そうしたことを望むところではなかったと思われるからである。泥舟は幕臣である。それもかなりの若さで諸大夫まで抜擢されてきた。幕府への恩義を忘却することは到底考えにくい。

しかし、客観的にみると朝廷のある京都で叙任されることじたいに大きな意味を見出しうるというのが実際のところであるのではないかと思う。つまりこれは、泥舟が好むと好まざるとにかかわらず、武家官位の叙任に関して朝廷が独自の政治的動きをし始めたということであり、そこに泥舟が、知らず知らずのうちに関与していたことが重要だ。泥舟が幕府内部の尊攘派（山岡鉄舟や清河八郎など）の輿望《よぼう》をになって（担がれて）、朝廷内の尊攘派（三条ら）と連携して「浪士取扱」をおこなう（おこなわざるをえなくなる）。その権威づけ、過激な尊攘派が泥舟を権威づけしたのが、泥舟の諸大夫成だったのだ。そこでこのころ泥舟が新たに諸藩の志士に会って話をし、ネットワークづくりをしていた事実も浮かび上がってくる。

諸藩尊攘派とのネットワーク

この時期、すなわち文久二年（一八六二）末から三年春ごろの泥舟が、直接面会した志士たちに関して書き留めた史料がある。足利学校所蔵の泥舟直筆「公雑筆記」である。拙著『高邁なる幕臣　高橋泥舟』に写真と釈文を掲載したので、ここでは概要を述べるにとどめる。

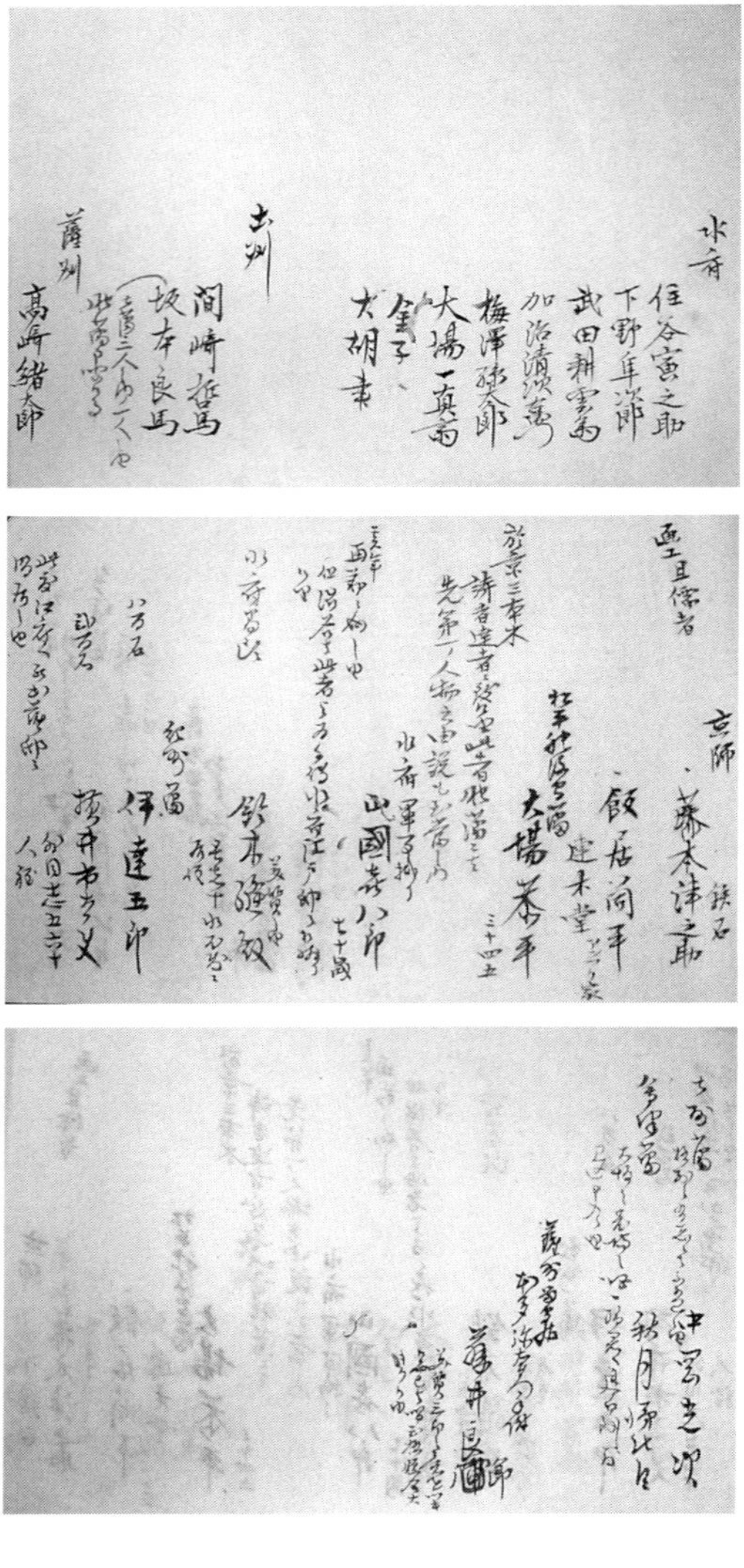

図15　『公雑筆記』　足利学校所蔵

史料が収録されている「公雑筆記」は、文久二年十二月に、将軍家茂に先駆けて上洛する一橋慶喜の警護担当となった泥舟が、警護関係の諸文書を備忘のため書き留めたものである。筆記の最後の方に坂本龍馬の名前がある。記載人物中、土佐藩士間崎哲馬《まさきてつま》は、平井《ひらい》収《しゅう》二郎《じろう》とともに山内容堂《やまうちようどう》の怒りに触れ、文久三年六月八日に切腹しているので、本史料の成立は、それ以前であることは確実である。また、同年四月には泥舟は御役御免・差控えに処せられたので、さらにそれ以前の成立だ。

記録された人物を、特に文久二・三年の事蹟に注目して見ていく。

まず水府、水戸藩、住谷寅之助《すみやとらのすけ》。文久三年藩主徳川慶篤《よしあつ》の上京に従い、京師警衛指揮役《けいしけいえいしきやく》に任ぜられた。下野隼次郎《しものはやじろう》も、文久二年、徳川慶喜の上京に従う。水戸藩尊攘派指導者武《たけ》田《だ》耕雲斎《こううんさい》も同様。同藩加治（梶）清次衛門・梅澤孫太郎《うめざわまごたろう》も同様。大場一真斎《おおばいっしんさい》は、慶篤に従って上京、金子は金子勇二郎と思われるが、同人もこのころ在京していた。「大胡聿」は、大胡聿蔵《だいごいつぞう》で、慶喜に従って上京していた。これらを見ると、収録の水戸藩関係者は、記録された当時在京中で、泥舟とは京都で面会したと考えられる。以下の人物も同様だろう。なお水戸藩士らへの人物評はない。

次の土佐藩士は、前述の間崎と龍馬である。泥舟は「良馬」と書いている。名刺を出さない限り、こうしたことはよくあることだが、逆に龍馬は、泥舟に名刺を差出さなかったか、あるいは持ってはいなかったのかもしれない。龍馬の人物評は「土藩三人之内一人之由、肥藩申聞候事《もうしきかせそうろう》」とある。すなわち土佐藩の三人の内のひとりであるとしているのは、有名人三人の内のひとりなのか、単に泥舟と面会した土佐藩の三人の内のひとりなのか判断に迷う。また、「肥藩」は、肥前藩（佐賀）、肥後藩（熊本）、松平肥後守藩（会津）のいずれなのか、これまた判断に迷うが、後の方で「松平肥後守藩」の「大場《おおば》（庭）恭《きょう》平《へい》」では、「肥藩ニは先第一ノ人物」と書いていることから、会津藩と解しておく。すると、会津藩の情報網では、龍馬が土佐藩の有名な三人の内のひとりと解されていたとなり、その後の寺田屋での襲撃事件や暗殺の裏に会津藩の影がちらつくこととも軌を一にしている。龍馬は早くから会津藩や幕府の情報網にかかっていたことになる。その点は、最後から三番目に中岡光次《なかおかこうじ》こと慎太郎の名前も見られるので中岡も同様である。しかし、泥舟は、「格別ニ有志ニは不有之《これあらざる》候由」、つまり中岡はそれほど有志でもないと評している。泥舟は、面会して有志なのか、そうでないのか、そうしたことを観点にこの記録を認めたことがわかる。

薩摩藩士は高崎五六《たかさきごろく》。水戸藩と連携して国事周旋に奔走した公武合体派。京都の絵師で儒者藤本鉄石《ふじもとてっせき》（清河八郎に影響を及ぼした。後述）は勤王の志篤く、この後、大和挙兵で戦死した。飯居は不明。「アンフク家」という記載は子宝に恵まれている意味か。会津藩大庭恭平とは京の三本木で会い、漢詩が得意で、第一の人物、所説も至当だと最大の評価をしている。藩命で京都守護職松平容保《まつだいらかたもり》に先んじて入京、情報収集していたのが大庭である。しかし、文久三年二月の等持院足利三代木像梟首《きょうしゅ》事件に関与し捕縛された。また、水戸藩士山国喜八郎《やまぐにきはちろう》、同鈴木縫殿《すずきぬい》も在京中で、特に鈴木は「美質之由」と好評価している。紀州の伊達五郎は陸奥宗光《むつむねみつ》の義兄弟宗興《むねおき》、陸奥の実家伊達家当主だが、文久二年脱藩していた。横井も伊達と脱藩し、江戸の薩摩藩邸に匿われていたとある。別に同志が五、六〇人ほどはいるようだとしている。文久二、三年当時から、薩摩藩はこうした脱藩者を藩邸内に積極的に受け入れていたことは興味深い。また、陸奥の縁者が薩摩藩とコンタクトをとっていたことも面白い。中岡は前述した。会津藩秋月悌次郎《あきづきていじろう》は、藩主容保に従い上京中で、泥舟は、大坂台場の建白書を徳川慶喜に提出中と注記している。最後の藤井良節《ふじいりょうせつ》は、薩摩藩士で当時、薩摩藩と縁戚の近衛家に仕えていた。大久保利通と岩倉具視を仲介した井上石見は藤井良節の弟である。

　まとめてみると、水戸藩一〇人、土佐藩三人、薩摩藩二人、会津藩二人、紀州藩二人、京都絵師一人、不明一人の合計二一人である。当時考えられていた攘夷実行能力をもつ有力藩の藩士や勤王の志士である。泥舟は、上京中にこれらのさまざまな出自の有志と面会し、その人物を見極め、ネットワークを構築し、自分が率いる幕臣攘夷集団とともに何かをなそうとしていたことがうかがわれる。おそらくそれは、全国あげての攘夷実行であろう。そのための有志を京都で見極めていたのだと思われる。

なお泥舟が直接面会して記録にとどめた二〇人（ただし不明の一人を除く）のなかで明治元年（一八六八）まで命があったのは、水戸藩梅澤、同大場、薩摩藩高崎、会津藩大庭、水戸藩鈴木、紀州藩伊達、同横井、会津藩秋月、薩摩藩藤井の九人である。不明の飯居を除く二〇人のうち一一人、半分以上が明治以前に命を落としている。有志の二人のうちの一人は死ぬという時代、やはり幕末維新は、激動の時代であったのだ。

なお、攘夷の急先鋒である長州藩関係者がほとんどいない。これはやはり、泥舟にとって長州藩があまりにも突出していたことと関係があろう。長州との連携は、幕臣には困難であったと思われる。のちにそれをしたのが、勝海舟ということになろう。もっとも長州戦争での幕府側使者というかたちではあるが。

以上から文久二年末から三年にかけての泥舟と諸藩士との交友関係が判明すると同時に、逆に泥舟の人物評価などもそれらの人物の伝記史料として貴重であろう。そして、ここから泥舟が諸藩（諸城）の尊王家と連携してひとつの政治勢力を形成しようとしていたことが読み取れる。見方によっては王城を守護する支城の政治的・軍事的実務者たちを見定めようとしたのだと考えられるのである。すなわち諸藩の尊攘派とのネットワークを形成しようとしたのだと思われる。だからこそ、泥舟は「浪士取締」に任命されたのであろう。

なお、本史料に関しては、小美濃清明『龍馬の遺言』にも詳細な分析がある。龍馬と間崎哲馬と中岡慎太郎が泥舟と実際にどこで会ったのか検討されているが、間崎は時間的に会えたかどうか今後の課題としている。私もそのように思うが、会うことは全く不可能であったとはまだ言えない状況だ。いずれにせよ泥舟は、諸藩の尊攘派とのネットワークを形成しつつあったことは事実である。

幕臣尊攘派の頭目、泥舟

泥舟を幕臣やその周辺にうごめく浪士たちの集団の頭目、つまり「浪士取締」に押し上げ、従五位下伊勢守に叙任させ、自分たちの行動の権威づけさえもおこなって、攘夷の先駆けとして天下に覇を唱えようとしたのは、出羽国清川村出身の郷士清河八郎（斉藤正明）である。清川村は現在山形県東田川郡庄内町である。

清河は、天保元年（一八三〇）に生まれているので、泥舟の六歳年上である。清河は、自宅を訪れた京都の画家で勤王家藤本鉄石（前出）に影響を受け、弘化四年（一八四七）、学問修行のため江戸に出て東条一堂に学び、安積艮斎《あさかごんさい》や昌平黌《しょうへいこう》、また千葉周作に学んだ。

安政六年（一八五九）神田お玉が池に文武指南所《ぶんぶしなんじょ》を開塾して門弟を教育したが、翌年井伊《いい》直弼《なおすけ》が桜田門外に暗殺されると直接、尊王攘夷運動にかかわるようになり、文久二年（一八六二）には薩摩藩の有馬新七《ありましんしち》らと伏見挙兵を画策した。その後、幕府浪士組創設に関与し、同組に入り上京、のち近藤勇《こんどういさみ》らと対立、横浜居留地襲撃を計画して江戸に戻ってきたが、幕府の知るところとなり、文久三年四月十三日、見廻組《みまわりぐみ》佐々木只三郎《ささきたださぶろう》らに麻布一ノ橋で暗殺された。

なお、清河が維新回天に尽力したと考える縁者や地元庄内の人々にとって清河への贈位は、明治維新以降、悲願であったが、明治四十一年（一九〇八）になって贈四位が決まり、ようやく実現した。歿後四五年であった。これほど時間がかかったのは、清河があくまでも郷士身分にすぎないと、出自・身分にこだわった旧庄内藩士層との軋轢が、その原因ということだった。

この清河と泥舟に関しては泥舟の実妹桂の婿である石坂周造が、明治三十三年十一月に『史談会速記録』八七輯で「（松平主税の代わりに浪士取締として―引用者註、以下同じ）鵜《う》殿鳩翁《どのきゅうおう》を入れたところが、是れハお爺さんでいけぬといふので（中略）（高橋泥舟を）入れたが、是れハ素より勤王党だからで、そこで精一（泥舟）の二番妹（桂）を清川八郎に遁る約束が出来て居った、けれども八郎は始終家に居ないものですから、トウトウそれを妻とすることも出来ずして済んだのです」と証言している。この証言によると、桂は最初清河の妻になるはずだったという。泥舟は清河を相当評価していたのである。また、清河や石坂などが泥舟を浪士取締に担いだことがうかがえる。つまり清河としては、家禄はそれほどでもないが、旗本として、また祖父が上級役職である二丸留守居に就いていた高橋家につながることで、身分上昇を図ろうとしていたのであろう。

泥舟自身も明治三十三年十二月に清河に関して「清川が両国で人を斬りまして彼の時に鉄舟なども一緒に居りまして既に罪人に成るのですが、何しろ彼れ丈の奴を殺すでもないと思ひまして私が老中に参つて段々談判を致して清川を助けたのです」と証言している。

図16　清河八郎

清河の文武の才能を惜しんだ泥舟が、文久元年（一八六一）五月、両国で町人を無礼打ちと称して殺害した清河のために老中にまで掛け合って逃がしたことを述べている。おそらく事実であろう。後に翌文久三年正月十九日付で庄内家中酒井《さかい》繁《しげ》之丞《のじょう》が提出した届書には、「清河は、甚左衛門町往還にて住所不明の町人風の男が突っかかってきたので咎めたところ不法に及んできたので切殺した。やむを得ない次第とはいいながら、その所の役人にも主人にも届けず、翌日不都合だと気付いて出奔したことは不埒である。私のほうで、きつく申し付けようとしたところ、後悔して浪士取扱に自訴したとのこと。そこで許されることになり、厳重注意の上、鵜殿鳩翁・松平上総介方に引き渡すとのことになった。そのことを浅野備前守役宅で、私の家来が聞かされたのでその件をお届けする」とある（『藤岡屋日記』一〇巻）。

結局、清河は、今後は庄内藩酒井家屋敷および領分に立ち入ることはできなくなり、鵜殿鳩翁・松平上総介の浪士組で生きていくことになるが、それには泥舟の尽力が大きかったことが理解できる。

さらに泥舟によれば「それで九州の方に行つて居る時に書面等を私に寄越しますので私ハ誠に困りました。姓名は違ひますが手跡が一ツでございます、私には隠密《おんみつ》が非常に就いて居る、此手紙が参つた時などハ実に危急存亡で、夫れでも宜い塩梅に開封もされませぬでした」とあって、清河が手紙をよこすのには困ったこと、それは泥舟に隠密がついているからで、それでも清河の手紙が開封されなかったからよかったと証言している。

ところで、清河の手紙が来ると困るのは、こうした犯罪者からの手紙は、開封せずに届け出るのが原則だったからだろう。文久二年六月、つまり清河が出奔して半月ほどたったころ酒井家家中黒川一郎が、黒川の庄内在住の家来都丸広治《とまるこうじ》・辻五郎八《つじごろはち》に「大坂中之島大和屋庄助方」に泊まっていた飛脚に頼んだ木村三郎こと清河からの手紙が来たので届けるとした書状が、『藤岡屋日記』に収録されている。差出人に心当たりがなかったので開封してみたところ、清河の名前で書かれた領主への意見書や親戚宛の封書などが入っていたので「厳重御尋之者」なので至急便で差し越し、領主が各方面に差上げよとのことなので差上げるものと黒川は書いている。泥舟がいうには幕府の隠密が泥舟を見張っており、時には書簡を開封することもあったことがうかがえ、犯罪にかかわった者からの手紙には神経を使った様子がよくわかる。それにしても泥舟にも隠密がついていたというのは、寛政改革期には隠密の監視に隠密が付き、またその隠密の監視に隠密がついていて、高度な監視社会だったということがいわれるが、幕末も同様であったことを思い起こさせる。

清河への高い評価

泥舟はさらに清河を「平素は実に淡白なもので磊々落々《らいらいらくらく》たるもので文章も書きますし書も上手でした、先ツ文武の男でございましたナ」と高く評価している。しかし「議論する時分には誰でも自分の思ふ通りやツ付けて仕舞ひますので、私は余程《よほど》夫《そ》れハ可《い》けないから廃せよ《よ》と云つて忠告しましたが、性質ですから直りませぬでしたナ、詰《つま》り左《そ》ういふ所から暗殺されたやうなものです」と言って、清河が他人を論破して得意になることを戒めたが、改めることがなかった、それが暗殺の要因だと考えていたことが理解される。一代の智勇兼備《ちゆうけんび》な男であった清河も性格的には押し出しが強く、泥舟からその行く末を危惧されていた。そのため泥舟は桂を清河に配して自らの義弟として、清河を良い方向に導こうとしたのではないかと考えられる。

なお暗殺当日の文久三年四月十三日、清河は、死を予感したのか「魁てまたさきかけん死出の山　まよひはせまし皇の道」と詠んだという。迷わず先に進んだ結果が暗殺という幕切れであった。泥舟の危惧も的中した。

その泥舟も失脚することになる。おそらく京都での尊攘派とのネットワークや一橋慶喜や老中などへの忌憚のない物言いが直接の原因であろう。さらに泥舟自身も「浪士取締」をかなり重荷に感じていたのだと思う。泥舟自筆の「履歴」（『泥舟』）には、「自分は国家と幕府のために尊王攘夷の志を懐き、旗本同志の数百人と集団化したが、もともと浪士を招集することはよいとは思っていなかった。そこで自分が浪士取扱になることは再三辞退したいと当局に申し入れたが、私でなければ浪士を扱うことが難しいとねんごろに家茂将軍から懇願された。それで固辞できなくてやむをえず命を受けたものだ」と書かれている。泥舟としては、清河などの言動を見ていると、とても浪士たちを制御することはむつかしいと思っていたのであろう。泥舟はあくまでも幕臣尊攘集団の表向きの頭目だった。裏で泥舟を担ぎ上げていたのは、実は清河だった。その清河らの動きがだんだんおかしくなってゆく。幕府の枠組みを超えて、攘夷の急先鋒として横浜居留地襲撃に向かっていく。それが実現したらますます幕府は窮地に追いやられることになる。清河は生かしてはおけないと幕府上層部から旗本佐々木只三郎（兄は会津藩士手代木《てしろぎ》直右衛門《すぐえもん》）らは指令を受ける。浪士を統制できない泥舟も処罰して一気に幕臣の尊攘派集団をなんとかしよう。それやこれやで結局、文久三年四月十四日、泥舟は御役御免となり、差控え、つまり自宅謹慎で出仕停止、寄合の待遇となって、政治の表舞台から一時退場させられるのである。

ところで、暗殺される当日に、清河は泥舟の家に立ち寄っている。泥舟が当日に面会を避けたことやさらに暗殺者佐々木らと泥舟は関係があることから、清河暗殺に泥舟が関与していたとの説もある。現在のところ判断する材料を持たない。しかし、泥舟としては、清河の才気走った性格は制御がきかないことを危惧していた。そうなることは十分予想はしていたとは思う。しかし予想はしていてもどうにもならなかったというのが真相ではな

図17　清河八郎墓　小石川伝通院
筆者撮影

いかと考えている。暗殺にまつわる噂は、いわゆる「大政奉還」直後におこった伝通《でんづう》院《いん》処静院住職琳瑞《りんずい》暗殺でも流れたようで、泥舟にはいささか迷惑なことだったと思われる。

清河らの過激な行動により、清河が罪に問われ、その友人である泥舟や鉄舟も失脚した。清河の行動は、後になってみると泥舟や鉄舟にとって迷惑だったかもしれないが、清河は友人であり、泥舟も鉄舟もはじめは共鳴するところがあり、大切な仲間であったことは確かである。だからこそ鉄舟らは、暗殺された清河の首を持ち帰り、伝通院に葬った。墓碑銘「清河八郎清明」は鉄舟の揮毫《きごう》だ。

勝海舟と西郷隆盛

さてここで、海舟と西郷に関して述べておきたい。海舟の出自は、泥舟や鉄舟に比べると、きわめて低いと言わざるを得ない。曽祖父は盲目の検校《けんぎょう》で、江戸にて鍼《はり》治療をおこなって財を得たという。祖父男谷平蔵《おだにへいぞう》は御家人から旗本になり、その息子小吉は勝家に養子として入って御家人となったが、非役の小普請で終わった。しかし、小吉の息子海舟（麟太郎義邦《りんたろうよしくに》）は、蘭学を修め、長崎海軍伝習に参加、軍艦操練所教授方頭取となり、咸臨丸《かんりんまる》を指揮して太平洋を横断した。安房守、すなわち諸大夫成をはたし、陸軍総裁（海舟以前は老中格の者が就任）まで昇り詰めた。徳川家に従い静岡に赴いたが、明治新政府に出仕し、外務大丞《がいむだいじょう》・兵部《ひょうぶ》大丞・海軍大輔《かいぐんたいふ》・参議兼海軍卿・元老院《げんろういん》議官や枢密《すうみつ》顧問《こもん》官など政府高官に任命された。明治以降旧幕臣の生活に思いを馳せ、旧幕臣の家に生まれた川村清雄《かわむらきよお》が画家として大成するまで支援した。徳川慶喜の十男精《くわし》が、海舟の後継者となり伯爵となった。

なお、海舟は、文政六年（一八二三）生まれなので、泥舟より十二歳年上、鉄舟より十三歳年上、後で述べる西郷よりも四歳年上だった。「江戸無血開城」の主要登場人物では、最も年上である。幕末の感覚では、十二歳年上は、一回り上であり、それだけで尊敬される存在だっただろう。ただし鉄舟や泥舟は、蘭学者の海舟が肌に合わず、もともと疎遠であったし、明治以降もその距離感は変わりがなかったように思う。したがって、海舟の揮毫を中心に、左右に鉄舟や泥舟の揮毫を三幅対《さんぷくつい》で飾るのは、鉄舟や泥舟はあの世で苦笑しているのではないかとも思う。しかしながら、なんと明治四年ごろから、この三幅対はもう出始めており、泥舟本人もそれを認識している（後述）。

海舟は、明治三十二年（一八九九）に狭心症で病死した。七十七歳まで長生きした。西郷は明治十年に鹿児島の城山で自刃して五十一歳で亡くなり、鉄舟が同二十一年に胃癌で病死、享年五十三、そして海舟の順になる。泥舟は、明治三十六年、六十九歳で結核により病死した。彼らが命をはって護った慶喜は、大正二年（一九一三）、奇しくも海舟と同じ七十七歳、肺炎で病死した。登場人物みな死因がちがう。生存した年齢でいえば、西郷、鉄舟、泥舟、海舟・慶喜であった。海舟は明治期に旧幕府の事情を多く語るも、「江戸無血開城」では一方の当事者である西郷は早くに亡くなり、鉄舟もその十一年後には亡くなり、明治二十年代半ばから三十年代の旧幕懐古期に自由に発言できたのは海舟である。慶喜は人を避けて静岡に隠棲し、同三十年には東京に出てきて、以後東京で暮らすも、懐古談を自ら進んではしない。泥舟は明治四年から東京にいたが、いずこにも就職せず、揮毫で暮らしていた。もちろん懐古的な発言はほとんどしない。それは海舟にもわかっていた。だから海舟が自由に発言できた。自由に話を盛ることができたのだ。まさに海舟の独壇場である。したがって海舟の話は、我田引水の部分があることは否定できない。海舟の証言は十分に注意して利用すべきものと思う。出自の身分でいえば、低い方から西郷、海舟、泥舟、鉄舟、慶喜となる。では西郷はどのような人物なのか。

西郷隆盛は、西南の雄藩薩摩藩の下級武士出身である。農政を司る最末端の役人郡方《こおりかた》書役助《かきやくのすけ》となり、その後、島津斉彬《なりあきら》の庭方役《にわかたやく》となり斉彬の御用を務めた。斉彬の命により、さまざまな用務を遂行したものと考えられる。その中には、相当きわどい、汚れた仕事もあったのではないかと推察される。なおまた、斉彬養女篤姫《あつひめ》の将軍家定への輿入れに際しては、その婚礼道具を誂《あつらえ》た。それゆえ西郷は美術や芸術にも造詣が深かった。また、篤姫は家定に対して継嗣《けいし》を一橋慶喜に指名するように工作することを斉彬に依頼されるが、その支援と監視をおこなったのが西郷だった。これも機密の業務であった。斉彬に心酔していた西郷は、安政五年（一八五八）の斉彬の病死に際して、殉死を考えるが思い止まった。しかし、勤王僧月照《げっしょう》を匿い、逃れがたきを思い月照とともに錦江湾《きんこうわん》に入水する。図らずも西郷だけ助かり、安政六年、奄美大島に流刑となる。文久元年（一八六一）許されるが、翌年徳之島に送られ、さらに沖永良部島《おきのえらぶじま》に流刑となった。元治元年（一八六四）許され、大坂で初めて海舟に面会した。第一次長州征伐では軍議役として総督・尾張藩主徳川慶勝《よしかつ》を支え寛大な処分で、戦火を交えることなく平和裏に終戦に導いた。慶喜からは、総督は西郷という焼酎に酔ったので、あのような甘い処分になったのだと批判された。慶応二年（一八六六）の第二次長州征伐の前には、龍馬を仲介者に長州藩との連携を図った。

また寺田屋事件で負傷した坂本龍馬とお龍を薩摩に連れ帰り、霧島登山などさせた。その後、大久保利通・岩倉具視と提携し、薩摩藩内では対幕府、特に慶喜・会津容保等への強硬派として行動した。慶応四年（一八六八）正月の鳥羽伏見の戦いでは戦闘に参加、東征《とうせい》大総督府参謀《だいそうとくふさんぼう》に任命された。そして前述のように三月駿府で山岡鉄舟と会見し、初めて慶喜の助命と徳川家の処分案、「江戸無血開城」を提示した。これにより徳川家は存続することができた。また、鳥羽伏見の戦いのきっかけとなる薩摩藩邸焼き討ちをおこなった出羽庄内藩に対して寛大な処分を下した。明治四年（一八七一）には参議に就任、廃藩置県を断行した。陸軍大将となるが、明治六年帰郷し、私学校を開設、同十年、明治政府と敵対関係となり西南戦争を起こした。熊本に進軍するも敗れ、同年城山《しろやま》で亡った。

なお、西郷は明治二十年代前半までロシアで生きていると一部の人々には信じられていた。このころ海舟は西郷の話をよくして神格化したのだとされる。上野山の西郷像は、明治三十一年高村光雲《たかむらこううん》（詩人光太郎の父）が制作したものである。光雲は、上野戦争の時、十七歳、そのときの懐古談をのこしているが、官軍の砲撃のすさまじさを語っている。なお、平成十五年（二〇〇三）、木内禮智《きうちれいち》制作の海舟の銅像が隅田川東岸に建立された。都内でも比較的大きな銅像で、高さ二・五五メートルで、江戸を戦火から救ったからだそうである。

「江戸無血開城」の最大の功労者鉄舟の銅像が東京に未だ一つもないのはいかがかと思う。海舟の像よりも大きい物にしなくてもいいが、鉄舟の像は上野の西郷さんの横に同じ大きさで並べるくらいの業績だと考える。鉄舟も彰義隊を説得し続けたし、上野戦争で持ちだせなかった紅葉山東照宮《もみじやまとうしょうぐう》の御神体を回収する難事業の指揮をとっていた（後述）。

文久から慶応期の政治と社会

文久期から始まる幕末史

ここでは、日本史のなかでも、鉄舟・泥舟の業績を明らかにするために「江戸無血開城」に直接関わる幕末維新史を叙述しておきたい。まず、近代の始まりとして著名なのは、ペリー来航であるが、実は予告されていたこと、そこから、それへの対応として始まったのが幕末史であることはいずれ別の本などで語るとして、ここでは、外圧が最も重くのしかかり、それへの対応を余儀なくされた文久期（一八六一〜六四年）から説きおこしていきたい。幕府崩壊に至る幕末混乱の政局は、文久期から始まったのである。さらにそれが「江戸無血開城」に至った様相をわかりやすく叙述していく。文久から慶応期（一八六五〜六八年）の政治と社会を叙述して、

「江戸無血開城」をクローズアップしていきたい。

外患極まる

ことの始まりは、文久元年（一八六一）二月のポサドニク号事件である。すなわち、ロシア海軍軍艦ポサドニク号が、対馬（現、長崎県対馬市）浅茅湾《あそうわん》の一角に踏みとどまり、東アジアにロシアの勢力を布石する一環として海軍拠点（橋頭堡）を建設しようとしたのである。そのため対馬藩に租借《そしゃく》を申込み、対馬藩士や農民とトラブルを起こし、ついには農民が殺害された事件である。このため対馬藩が、幕府や長州藩に支援を求めたことから全国的な事件となった。一方、幕府は外国奉行小栗忠順《おぐりただまさ》を派遣したが、小栗はもともと調査のために派遣されたにすぎず、対馬藩や対馬の民が望む有効な成果を上げることができなかった。結局、幕府がイギリス公使に働きかけ、占拠から半年後、イギリス軍艦が浅茅湾に派遣され、かつ箱館のロシア領事の尽力によりポサドニク号は対馬から退去した。これは結果的に幕府外交の瑕瑾《かきん》となってしまい、幕府の外交能力が問われた。案の定、これ以後、攘夷運動が高揚することになった。

それでもまだ、幕府そのものを否定する勢力が大きくなったとは言い難い。孝明天皇はあくまでも幕府を信用していた。同二年、坂下門外で老中安藤信正《あんどうのぶまさ》が襲われたが、幕府への信任は変わりがなかった。そして、朝廷側が一四代将軍家茂《いえもち》と皇女和宮の婚姻を外国勢力の打ち払いとだき合わせにしたため、家茂は上洛して外国船の打ち払いを天皇に約束させられた。「開国和親」の方針で諸外国と諸条約を結んでいた幕府にとって、この攘夷の約束は国際慣例上、本来はできないものだったが、天皇のさらなる信任を得るための方便としてやむなくしたものであった。もちろん今日から見れば二枚舌と批判されよう。

なお、この攘夷決行の打ち払い令（文久三年五月十日を期して外国人を退去させ、外国船を打ち払う）を忠実に実行したのは、長州藩だけだった（後述）。このため、のちの元治元年（一八六四）長州藩は四国（英・仏・蘭・米）連合艦隊の下関攻撃という手痛い報復を受け、西欧列強の軍事的な優位を強烈な体験として学び、イギリスと交流を深めていく。さらに攘夷派の武士や民衆は、長州藩を称賛し、幕府からますます心が離れていく。

一方、文久二年、薩摩藩主の父親島津久光は、これら幕府の凋落を放っておけず率兵上洛して、幕政改革の勅使派遣を奏上した。その上洛中に伏見寺田屋事件を起こして藩内過激派を抑え、勅使大原重徳《おおはらしげとみ》を擁して出府、改革を幕府に対して要求した。これにより薩摩藩の京都での名望が高まるとともに、「安政の大獄」で謹慎していた徳川慶喜を将軍後見役に、また同じく失脚していた松平春嶽《まつだいらしゅんがく》を政事総裁職に就任させて、幕政改革路線が実現した。しかし、久光一行は江戸出発後、相模国生麦《なまむぎ》村でイギリス人殺傷事件を起こし、深刻な国際政治問題を惹起せしめた。翌三年イギリスは鹿児島錦江湾《きんこうわん》に軍艦を派遣し交渉するも決裂、鹿児島城下を砲撃した。城下の多くが焼失し、薩摩藩も無謀な攘夷を反省、イギリスとの結びつきを強固なものにしていった。もちろん薩摩藩も攘夷の先兵として民衆から人気を集めた。

この時期、城下町そのものが外国船に砲撃されたのは薩摩藩の鹿児島と長州藩の支藩長府藩の下関だけである。そうした点でこの薩長二藩の危機感は尋常ではなかったと言えよう。特に長府藩は文久三年に内陸部に新しい城郭、勝山御殿《かつやまごてん》を建築した。勝山御殿はその石垣の特殊な構造から見た目が、いかついプロポーションで、姫路城や熊本城のような優美な曲線を描く石垣とは一線を画する。ここにも当時の攘夷派武士階級の危機感を読み取ることは可能であろう。

さて、幕府は、文久二年、政治都市化した京都、すなわち王城で幕府の地位を確立すべく、会津藩主松平容保《まつだいらかたもり》を京都守護職に就任させ、さらに徳川慶喜に将軍上洛の地ならしをさせるべく京都へ派遣した。

さて、このとき旗本高橋泥舟ら「幕臣等尊攘派」（山岡鉄舟ら、清河八郎、泥舟・鉄舟の弟子松岡萬などの浪士組の面々も含む）も同行を許された。京都の朝廷（王城）はより求心力を持ちはじめ、京都は一層政治都市と化したのである。このことは京都の御所と京都の町そのものが王城であることを認識させ、日本全体が王城の城下町、日本全体が総廓、総構となったことを理念的には意味する。夷狄《いてき》からの王城守護が、尊攘派の主要命題となったのである。

幕臣と諸国の勤王家の連携

史跡足利学校に所蔵されている、泥舟直筆の「公雑筆記」のなかに幕末勤王の志士の姓名および人物評価をした部分がある。さらに静岡県藤枝市岡部町廻沢の松岡神社（後述の松岡萬の項参照）に所蔵される「文久三亥年正月より御上洛　御警衛御用御沙汰書帳　国々浪士姓名書」も注目すべき史料である。最初の部分のみ拙稿「幕末維新史と城郭・城下町・武士」に引用している。さらに、それ以降の部分には多くの人物名が書き上げられている。これは、泥舟を頂点として、その下に山岡・池田などの幕臣や諸国の尊攘派が連携していたことを示すもので、「公雑筆記」と併せて読むとき、江戸と諸藩と諸国に幕臣尊攘派を中心とした一大政治勢力が形成されつつあったことを思わせる。広範囲な階層をとりこんだ王城守護の一大勢力を形成しようとしたことをより一層鮮明にするものである。

その策定者は清河八郎で、清河がめざしていたことは、長州藩過激派がおこなった攘夷実行を横浜を中心にして実行しようとしたものと考えられる。のちの長州藩が占めた地位、すなわち攘夷の魁《さきがけ》を幕臣や諸藩や諸国の尊王家を糾合しておこなおうとしたのである。しかしそれは、清河の暗殺や泥舟らの失脚で烏有《うゆう》に帰した。しかし、こうした動きを知っていて、これらの勢力が力を持っていると考えたからこそ、坂本龍馬はのちに「新政府綱領八策」を立案し、幕府も含めたオールジャパンの政権を構想し、そのために動き出したといえよう。この龍馬構想の「新政府」は王城守護の要になりうると考えられたのである。

さて、文久三年に慶喜は参内して天皇の信任を得た。一方、松平春嶽は、このころ慶喜にいわゆる「大政奉還」を提案したが、慶喜はその提案を無視した（このため、春嶽は次第に慶喜とは疎遠になっていく）。こののち将軍家茂が上洛、攘夷祈願のため王城鎮護の加茂社行幸《ぎょうこう》に随行したが、石清水行幸には病気を理由に同行しなかった。慶喜も石清水での攘夷節刀下賜を断って、攘夷実行という政治的な窮地を一時的に回避したが、結局、幕府は攘夷期限を約束させられた。

こうした攘夷派の強硬な策謀に嫌気がさした、中川宮朝彦親王《なかがわのみやあさひこ》を中心にした公家や会津・薩摩等の公武合体派が八月十八日に政変（クーデター）を起こし、長州藩をはじめとする尊攘派やその背後にいた公家らを失脚させ、王城の地から追い払ったのである。その中心藩たる薩摩の島津久光が参与会議を招集したが、外交方針をめぐって久光と慶喜が対立し、元治元年（一八六四）には参与会議が空中分解して、公武合体派は分裂した。

その後、権力を掌握したのは、天皇の絶大な信任を得ていた慶喜で、彼は、改めて禁裏守衛総督・摂海防禦指揮となり、桑名《くわな》藩主松平定敬《さだあき》（会津藩主容保の実弟）は京都所司代に就任し、容保と三人で一会桑《いっかいそう》政権を形成、王城京都の広域的防衛体制を構築することに成功した。その後、慶喜は精力的に大坂を見分して、王城守護者としての役目を果たそうとしたし、容保は、浪士組から改めた新撰組を擁して池田屋事件で長州藩などの過激派を弾圧し、慶喜の王城守護を積極的に補佐した。一方、自らも王城守護たらんと上洛してきた長州藩将兵を、慶喜・容保・定敬・薩摩藩が団結して撃退に成功し（禁門の変）、朝敵（夷狄と同等の地位）となった長州を征討すべく、第一次長州戦争を開始した。慶喜側は水戸藩の過激派が起こした天狗党《てんぐとう》の乱を鎮圧して一部勝利したが、第一次長州戦争は、征長総督徳川慶勝（尾張前藩主）が戦わずして解兵したので慶喜は大いに不満であった。慶喜は王城の守護には長州は不要で、むしろ朝敵であり夷狄に近いのだとの立場であった。

明けて慶応元年（一八六五）には家茂が二度目の上洛を果たし、長州処分案が朝廷から示された。一方、四国連合艦隊が兵庫沖に停泊して圧力を加えたことから、朝廷側も譲歩し、ついに安政五か国条約が勅許された。これには慶喜の朝廷説得が与って力があった。長年の懸案だった開国か攘夷（鎖国）かの厳しい問題に一応の決着がついて、幕府に従わない朝敵長州藩に対して、第二次長州戦争の準備が開始された（それゆえ幕府側からの名称は「長州征伐」。長州藩では「四境《しきょう》戦争」）。一方、国内的に孤立を深めた長州藩は、同二年には、土佐藩浪人坂本龍馬の仲介で薩長密約を結んで、薩摩藩の支援のもとイギリスから武器を購入して第二次長州戦争を戦い、藩境を越えて各地で勝利し、幕府軍を撃退した。幕府軍の相次ぐ敗戦は王城守護を大義名分とする幕府にとって危機的な状況をもたらした。かつ、この戦争のさなか家茂が死去し、やむをえず慶喜が徳川宗家《そうけ》を相続した。ここに王城の守護者は全国の国政も委任される可能性、つまり征夷大将軍になる可能性を有することになった。そこで慶喜は朝廷から休戦沙汰書を出してもらい、改めて将軍に就任して、京都における新政権が始動した。これは、朝廷・幕府一体型の京都幕府、つまり王城を直接守護する幕府と言ってもよく、従来の江戸の徳川幕府とは異なる政治形態と考えるべきだろう。しかし始動したその矢先、慶喜を信頼していた孝明天皇が突然崩御し、同三年には明治天皇が即位、京都幕府の存立基盤の一角が崩れた。それでも慶喜は、四か国公使を引見し、兵庫開港を伝達するなど、外交権を梃にして将軍権力の伸長をはかったため、薩摩・長州や尊攘派公家らが、今度は慶喜を朝敵・夷狄に貶める討幕の詔勅《しょうちょく》渙発を画策したのである。

一方、薩摩藩は、土佐藩とも結び、土佐藩が画策する「大政奉還」案にも乗っかり支援を約したことから、土佐藩前藩主山内容堂《やまうちようどう》は慶喜に「大政奉還」を提案した。容堂の建白を受け、慶喜は「頃は今」と判断して、いわゆる「大政奉還」を上表した。しかしそれは無条件の「大政奉還」ではなく、あくまでも政権を還し奉るが、なお外交権は自分が担当し、諸侯をコントロールすることを宣言したもので、真の意味での「大政奉還」とは言えなかった。そうした点を薩摩・長州の一部は問題にしていた。

「大政奉還」とは

ところで、いわゆる「大政奉還」とは、慶応三年（一八六七）十月十四日に「徳川一五代将軍慶喜が征夷大将軍の職を辞し、政権を朝廷に返上することを申し出、翌日朝廷がそれを許可したこと」（『大辞林』三省堂）とされる。また、多少専門的な『日本史広辞典』（山川出版社）では、「征夷大将軍徳川慶喜が申し出た朝廷への政権移譲」。「朝幕二元体制の限界を感じていた慶喜は、政権を一本化し大名の統治権もいずれ吸収しようと考えて」「政権の返上」に応じたと比較的穏当に述べている。しかし、もともと「大政奉還」という言葉は、慶喜の提出した、いわゆる「大政奉還」の上表《じょうひょう》と呼ばれる史料には一切ない言葉なのだ。では、まずいわゆる「大政奉還」の上表（以下、単に大政奉還、上表と表記）を見てみよう。

　これまで上表は、諸書に収録されているが、大きく分けて二種類存在する。まず、慶喜が朝廷に提出した原本に近いものは以下の通りである。

臣慶喜謹《つつしみ》テ皇国時運之沿革ヲ考候ニ、昔シ王綱紐《おうこうちゅう》ヲ解テ、相家《しょうけ》権ヲ執テ、保平之乱政権武門ニ移テヨリ、祖宗《そそう》ニ至リ更ニ寵眷《ちょうけん》ヲ蒙リ、二百余年子孫相受、臣其職ヲ奉スト雖《いえど》モ、政刑当ヲ失フコト不少《すくなからず》、今日之形勢ニ至リ候モ、畢竟《ひっきょう》薄徳之所致《いたすところ》、不堪慙懼《ざんくにたえず》候。況ヤ当今外国之交際日ニ盛ナルニヨリ、愈《いよいよ》朝権一途ニ出不申候而者《いでもうさずそうらいては》、綱紀難立《たちがたく》候間、従来之旧習ヲ改メ、政権ヲ朝廷ニ奉帰、広ク天下之公議ヲ尽シ、聖断ヲ仰キ、同心協力、共ニ皇国ヲ保護仕候得《つかまつりそうらえ》ハ、必ス海外万国ト可並立《ならびたつべく》候、臣慶喜国家ニ所尽《つくすところ》是ニ不過《すぎず》ト奉存《ぞんじたてまつり》候。乍去《さりながら》猶見込之儀モ有之《これあり》候得者可申聞旨《もうしきくべきむね》、諸侯江相達置《あいたつしおき》候。依之《これによりて》此段謹テ奏聞仕候　以上。詢

十月十四日　　　　　　　　　　慶喜

すなわち「朝権が一体に出なければ綱紀を立てることもできず、従来の旧習を改めて政権を朝廷に還し奉り、広く天下の公議を尽くし、聖断を仰ぎ、同心協力して皇国を保護す

れば、必ず海外の万国と並ぶ国になる。臣下である慶喜が国家に尽くすところこれにすぎることはない」とあるが、「大政」を「奉還」するとは言っていない。あくまでも朝廷の一員として万国対峙するところの皇国のために尽力する決意が述べられているにすぎない。慶喜が本当に目指したのは、自らが朝廷内部に乗り込んでこれまでの旧習、悪習を改め、政令が一途に出るようにすることだった。そうであるからこそ「見込みがあれば自分に申してみよと諸侯に達しておきました」とわざわざ断るのである。あくまでも諸侯と朝廷の間を取り持つのは自分だとのスタンスは崩さない。こうして、慶喜は西周《にしあまね》や津田真道《つだまみち》に西洋の政治制度を研究させ、来るべき諸侯会議の日に備えていたのである。また、末尾の「詢」は諮《はか》る、相談するで、上表を受納した朝廷側の書き込みと考えられる。

ところで当時この事件を庶民はどう見ていたか。筑前浦商人津上悦五郎は、「将軍様御事、御政事向往古之通京都江御返被成候由《おかえしなされ》」と記し、政治が復古したことを述べる。そして、前掲したものと同系列の上表を写し取っている（『見聞略記』海鳥社）。また、武州長尾村の村役人鈴木藤助は「大将軍之御職掌は　天子へ差上ニ相成候」（『鈴木藤助日記』第一巻、白石通子編・刊）とより具体的に書き留めている。もちろん大政奉還とは書かない。

引用した上表に明らかなように、慶応三年十月十四日、慶喜は、朝廷に対して政権を帰し奉った。慶喜は、傍目には政権をいったん手放したふうを装ったが、案の定、朝廷からは新たな政権ができるまで日常的な政治運営は慶喜に委任された。朝廷にはすぐに政治を運営するだけの組織も人も財力もなかったのである。

「大政奉還」ではなく「政権奉帰」

検証の余地はあるとは思うが、大政奉還は、朝廷側の表現であろう。そして、ひとたび逆賊となった慶喜側が恭順してから、みずからの維新へ功績を主張した際の表現でもあろう。仰々しい方がいいのである。

上表によれば、慶喜としては「政権奉帰」あるいは「政権帰一」すなわち、政権を一つに、政令を出す所を一つにする程度にしか考えていなかった。なおまた、上表を正確に言うとすれば、「朝権一途・旧習一新・政権奉帰・同心協力・皇国保護の建白」である。したがって、何度も言うが大政奉還などとは一言も書いていない。そして上表には、むしろ慶喜の政権担当意欲が大いに感じられる。大政奉還後、慶喜がすんなりとすべての政権を手放したわけでは全くないのである。政治的にどうにもならなくなって、だれもが実現は無理と思っていた「政権帰一」を自分から言い出したのである。自ら死地の中に活路を見出そうとしたのである。慶喜の主旨は、決して大政奉還の実現なのではない。政権を帰一とし、自分もその新たな政権に加わることなのだ。

「大政奉還」は「王政復古」で完成

慶喜に始まった「政権帰一」の思いは「政権奉帰」建白となり、朝廷からは「嘉納」されたが、多くの志士や討幕派からは「大政奉還」ととられ、来るべき政権構想とその実現にむしろ拍車がかかった。その構想には慶喜自身も深く関与しようとしていた。しかし慶喜の「政権奉帰」の建白以降、建白内容が一人歩きしていってしまって、慶喜の構想した方向にはいかなかったということなのである。

真の意味での「大政奉還」はのちの「王政復古」で初めて実現したのであって、慶喜の上表は大政奉還の上表ではなく「政権奉帰」の上表、あくまでも自分が政治に関与しようとする建白であったことは十分に記憶されるべきである。

そして大政奉還は、朝廷内の一部による猛烈な巻き返し、つまり「王政復古」の大号令が出て初めて実現したことであり、もっと言えば、大号令直後に開催された小御所会議《こごしょかいぎ》で「辞官納地《じかんのうち》」が決まって慶喜が完全に朝廷内からはじき出された瞬間に初めて大政奉還が実現したのである。しかし、この小御所会議の段階では「大政奉還」というよりは「政権奪取」「政権剝奪」と言った方がいいかもしれない。つまり、どちらかというと朝廷内一部討幕派による慶喜からの「政権剝奪」ということなのだ。

一方、坂本龍馬は、慶喜も含めたオールジャパンの政権を構想し、いわゆる「新政府綱領八策（八義）」を有力各藩にはかったが、あくまでも慶喜を朝敵・夷狄として排除したい薩摩や長州のグループ（以下、慶喜排除派）からは疎まれた。

「新政府綱領八策」（以下、八義）は、宮地佐一郎『龍馬の手紙』（講談社学術文庫）に収録されているので、引用しないが、そこでは、王城は親兵、すなわち親衛隊に守られ、さらに外郭である日本を陸軍と海軍が守備する、その両軍は龍馬構想では海陸軍局とひとつになっていることが興味深い。もっと後年になるが、太平洋戦争中のような、陸軍と海軍が足の引っ張り合いをして本来の敵と戦う前に内なる敵と戦わざるを得ない状況は龍馬の構想にはなかっただろう。海陸軍局は一つで、海軍と陸軍を一体として運用する部局と考えたのではないかと思われる。

さらに近年見つかった興味深い史料を紹介しよう。慶応三年（一八六七）十一月初旬と考えられる、後藤象二郎《ごとうしょうじろう》宛坂本龍馬書簡である。箱包み紙上書には「松菊公遺愛」とあり、木戸孝允《きどたかよし》の旧蔵品である。また「（坂）本龍馬先生書翰」「対嵐山房清玩珍蔵」とも書かれている。「対嵐山房」は、京都嵐山に屋敷があった山本信天翁のことである。山本は木戸や岩倉具視と交流があった。さらに外題は「坂本龍馬直柔書翰　老侯題簽」、台紙には「松菊舎珍蔵」の朱文方印が捺されている。本文は、拙稿「幕末維新史と城郭・城下町・武士」に翻刻した。

この書簡は、慶応三年十一月十五日夜、京都見廻組によって暗殺される直前のもので、龍馬最晩年の書簡のひとつである。宛名の後藤象二郎は土佐藩参政で、土佐前藩主山内容堂の直書を福井前藩主松平春嶽に届け、春嶽の返書を持参して帰る途上で書いた報告書的書簡である。いわゆる「大政奉還」後、予定されていた諸侯会議において議論される新政府の構想を越前福井藩士三岡八郎《みつおかはちろう》（由利公正《ゆりきみまさ》）らと話し合った内容が書かれている。おそらく前述した「八義」に関連したものと考えられる。他にも徳川慶喜の動向やいわゆる「大政奉還」に関して「天下の人心」がどう感じていたか、また現在の政治状況に対してどのように対処すべきか、新政府の財政をどうすべきか、誰が担当すべきかなど注目すべき内容が満載されている。内容としては、当時の政治状況や龍馬の動向解明に資する第一級の史料である。

なお、本史料は、二〇一六年にテレビで紹介された時は「下書き」とも解説されたが、実際に後藤に宛てられたものではないかとも思われる。つまり下書き的な書簡、あるいは下書きをそのまま送致したのであろう。

そして、この史料で最も注目すべきなのは、当時の将軍職への考えが見られることである。すなわち将軍が政権を還すならば、同時に将軍職も返上すべきだということである。すなわち政権運営は将軍がもつ権能であるが、政権を返上すれば将軍職も同時に返上すべきものであるということ、政権と将軍職は表裏一体であるということである。また、その力の源泉のひとつが、平時は財政力であることを、龍馬は後半で物語っている（戦時は軍事力）。要するに将軍職が政権をになう源泉は財政力で、しいて言えば貨幣流通の権限こそが政権担当能力であり将軍職に備わったものとする考え方である。つまり龍馬の中では、将軍権力は貨幣鋳造権と全国的な政治権力と軍事指揮権であったのである。城郭と城下町に引き付けて考えれば、全国的な統治権のシンボルが江戸城であり、そうした権能が備わった最高権力者が住んでいたのである。だからこそ、のちに述べるように江戸城と城下町が無傷で開城され、新政府が接収できたのは実は、歴史的にはとても大きいことだったのである。

なおまた、王城守護の点からすると、将軍は京都から離れていても王城守護の重要な職

図18　鳥羽伏見の戦い　「伏見関門口豊後橋進撃之図」
明治大学博物館所蔵

掌であり、大義名分上、夷狄を征伐する最も重要な役職である。その職掌が果たせないなら職を返上すべきだし、また、まともに政権を担当できないならば、これまた政権を返上すべきで、同時に、将軍職は返上すべきということなのであろう。慶喜が「大政奉還」（政権返上）したならば、いったんは、その将軍職も返上しなければならないと龍馬やその周辺は考えていたのである。すなわちなんぴともその職にとどまることはできず、諸侯並になるということである。そのことはつまりは、将軍にかわる新たな王城守護の指揮者が必要になるのである。

慶喜の江戸への退去

さて、従来から龍馬を狙っていた京都見廻組によって龍馬が暗殺されると慶喜排除派が一挙に力を得て、まず長州藩主父子の名誉回復がなされ、長州藩が王城の守護者の地位に返り咲いた。薩摩・長州・土佐の軍事力を背景に王政復古大号令が渙発された。しかし、旧幕府の軍事力と経済力は、それを朝廷側に吸収するプロセスが十分検討されなかったため、そのまま温存されていた。そのため慶喜は軍事力と経済力を保持したまま大坂城に入城して再起を期した。大坂は軍事的・政治的・経済的に京都に圧力を加えることが可能なポジションであった。

さらに慶喜は、旧幕府軍に「討薩の表」を持たせて京都に上らせたが、慶応四年正月、鳥羽・伏見でそれを阻止しようとする薩摩・長州軍と激突した。朝敵・夷狄を退治する正当性を表象する「錦旗《きんき》」に戦意を喪失した慶喜は、さらに旧幕軍敗戦の報を聞いて、多くの旧幕軍を大坂城に残したまま、側近らと城を退去し、数日後、江戸に入城したのである。榎本武揚指揮下の旧幕府海軍は大坂湾を征圧していたにもかかわらず、である。残念ながら、海軍勝利の情報が最高司令官慶喜には伝わっていなかった。

結局、江戸城にもどったものの、もはや王城の守護者の地位には二度と返り咲けないことを慶喜は思い知ったのである。慶喜に残されたのはただ二つ。江戸城を拠点に、新たな王城守護者たる薩摩・長州軍の朝廷軍（官軍）に対峙して、戦いをいどむか、それとも赤心（天皇への絶対的恭順）を明らかにするか、だったのである。

「江戸無血開城」の真実

いわゆる「大政奉還」と泥舟

ここに再び泥舟・鉄舟らの活躍の場が提供された。皮肉にも慶喜が政争と戦争に敗れて江戸に戻ってきたことが、泥舟と鉄舟に活躍の場を提供することになるのである。まず、少し時間を遡って泥舟・鉄舟、両者が許された場面から述べていく。

職場復帰

泥舟が、清河らとのかかわりから御役御免になって半年後の文久三年（一八六三）十月、差控えは免除された。これで再び出仕する道が開けた。幕府当局も人望ある泥舟をこのままにしておいたらまずいと思ったのだろう。そして同年十一月には本丸御殿および二の丸御殿が炎上した。このとき泥舟は鉄舟や松岡萬、依田雄太郎など二〇人あまりで、持ち場に駆け付けた。鉄舟も松岡も泥舟同様に御役御免になっていた身の上であったが、非常事態であったので皆で駆け付けた。このことがあって、年末、泥舟は、二の丸留守居格講武所槍術師範役に返り咲いた。それからまるまる三年、泥舟はひたすら槍の稽古と教授に専心した。その間、元治元年（一八六四）七月の孝明天皇の長州藩追討令による長州征伐に際しては、征長の不可を唱えた。さらに現今の情勢から征長が困難であることを再三唱えたが、泥舟の言が十分に用いられることはなかった。

以下では、再度、いわゆる「大政奉還」までの道筋を、慶喜と泥舟の視点からたどってみたい。

慶喜が目指した政治

慶応二年（一八六六）七月、幕臣に人気があった将軍家茂が二十一歳の若さで、大坂城で亡くなった。第二次長州征伐の在陣中の死であった。もはや多くの人間の目には、次の将軍候補は慶喜しかいなかった。慶喜はまずは、自分の思い通りの幕政改革を推進することを条件に徳川家の相続人となることを承諾した。条件を提示し、さらにすぐには将軍とならなかったのである。慶喜としては将軍になる前に地ならしをしておきたかったのだ。幕臣を含めできるだけ多くの人々に望まれて、つまり輿望をになってという環境をみずからつくりだそうとしたと考えられる。それこそが絶対的権力、専制的な権力を保持する道だと考えていたのであろう。こうした点が旧来からの「神輿」的将軍像を抱く門閥譜代大名・上級旗本に嫌われていたのであろう。そしてその環境づくりが整い、決定的になったのが、十一月の孝明天皇の懇願である。天皇から要望されて、十二月やっと将軍に就任した。満を持しての将軍就任だ。

一方、江戸では、慶喜から指令をうけて幕府軍制改革が進行していた。すなわち八月には将軍親征に従軍する軍隊としての遊撃隊が編成されることになり、十月には奥詰槍術方ならびに講武所詰を遊撃隊に編成することになった。当然この中に泥舟もいた。十一月に講武所が廃され陸軍所となり、講武所の槍術・剣術関係者が遊撃隊に正式に編成された。その際、泥舟は遊撃隊頭の配下である頭取となり、槍術教授を兼務した。ついで遊撃隊頭取重立取扱となり、主任頭取とでもいう立場になった。同三年には、遊撃隊ナンバー2の遊撃隊頭並へと昇進している。

このころ、幕府の軍事部門は、老中が就任する軍事総裁のもとに海軍総裁と陸軍総裁が置かれていた。その海軍総裁の下に海軍奉行・軍艦奉行・軍艦奉行並・軍艦頭・軍艦頭並・海軍所頭取・軍艦役などが置かれた。陸軍奉行の下には、歩兵奉行・騎兵奉行・大砲組之頭が並列し、歩兵奉行下に歩兵奉行並・歩兵頭・歩兵頭並、騎兵奉行の下に騎兵奉行並・騎兵頭・騎兵頭並、大砲組之頭の下に砲兵頭・砲兵頭並・組頭がそれぞれ置かれた。さらに撒兵奉行、その下に撒兵奉行並・撒兵頭・撒兵頭並、奥詰銃隊頭・銃隊頭並、遊撃隊頭・遊撃隊頭並・同調方頭取・頭取などとなっていた。泥舟は幕府陸軍の一翼を担っていたのである。

ところで、先に見たように、私は慶応三年十月十四日のいわゆる「大政奉還」は、これはどちらかというと朝廷側の表現および、ひとたび逆賊となった慶喜側が恭順してからみずからの維新鴻業へ功績を主張した際の表現ではないかと思うようになった。そして「建白」には、むしろ慶喜の政権担当意欲が大いに感じられるのである。もう少しだけ説明しよう。

いわゆる「大政奉還」のイメージは、「日常の小さな政から大きな政ごとまで、政治のすべてを朝廷にお返し奉る」というものであろう。しかしそれは、朝廷の一部の猛烈な巻き返しである「王政復古」の大号令で初めて実現したことである。

「建白」で述べたことや、このときの慶喜の決意を、もちろん江戸の泥舟はまだ知らなかっただろう。すべての事情がわかるのは、目論みが外れた慶喜らが鳥羽伏見の戦いに敗れ、江戸に戻ってきてから、慶喜本人から直接この間の事情を聞いたときであろうと思われる。

龍馬の暗殺と赤松小三郎を結ぶ線

そんななかで、十一月十五日、かつて文久期には、泥舟にもともに認められた坂本龍馬と中岡慎太郎が京都近江屋で一緒にいるところを、幕府見廻組佐々木只三郎や今井信郎らに暗殺された。泥舟とも旧知の只三郎はかつて清河八郎を暗殺した男である。幕府、とくに京都町奉行所や伏見奉行所などは早い時期から龍馬を追っていた。

しかし龍馬は多くの人間から狙われてもいたと思われる。というより、状況によってはだれもが暗殺される可能性があったのが幕末だ。例えば、この年九月に京都で上田藩士赤《あか》松小三郎《まつこさぶろう》が薩摩藩士中村半次郎《なかむらはんじろう》（桐野利秋《きりのとしあき》）に暗殺された。赤松は、龍馬と同じく勝海舟の弟子で、独学で英語を学びイギリス軍学に詳しく、京都薩摩藩邸で薩摩藩士らに軍学を講義していた。いわば弟子に暗殺されたのである。中村は、赤松を幕府の密偵だと疑い、赤松が帰国することになって藩邸を辞去することになったので、藩の秘密が漏れることや赤松が万が一、敵方に付いた場合のことを想定して殺害に及んだという。薩摩藩は弔慰金を赤松遺族に出しているが、当時、最も民主的な西洋政治制度に詳しく、軍学にも長じていた赤松を失ったことは、誠に残念であった。薩摩藩は、目的の為なら手段を択ばない峻厳さをもっていた。薩長というのはそういう藩であった。そうでなくては、明治維新はなし遂げることはむつかしかったであろう。だが赤松の国家構想は龍馬に受け継がれていたことを考えると龍馬暗殺に薩摩藩がからんでいても不思議はない。なんとなれば居所情報を幕府に流してみずから手を下さずに、いわば龍馬を暗殺させることもできるのだ。もちろん確たる証拠はない。だが龍馬暗殺の黒幕が薩摩藩という可能性は全く否定できる状況でもなかろう。薩摩藩にとって龍馬は薩摩の内実を知りすぎた男である。さらに龍馬の新政権構想、すなわち、オールジャパン政権を受け皿にし、慶喜をその新政権の盟主にすえる、かつ赤松の国家構想の再来は、薩摩藩のなかで、討幕を目論む者には邪魔以外の何物でもない。龍馬と慎太郎の暗殺に激高した海援隊《かいえんたい》・陸援隊《りくえんたい》が反幕的になればなおのことよい。かくして龍馬と慎太郎の同時暗殺が、龍馬や慎太郎をなきものにしたい人間によっておこなわれたのであろうとも思われる。暗殺者の真の狙いは慎太郎だったという説もあるが、それもよくわからない。

ともかく、文久二、三年にすでに龍馬を高く評価した泥舟の見込みは、ある意味あたっていたのである。もちろん龍馬暗殺に関して泥舟が何かしら述べたものは今には伝わっていない。泥舟と龍馬が出会ったのはともに二十七、八歳、同い年だった。龍馬も剣や長刀の使い手、泥舟は槍術の師匠、ともに肝胆相照《かんたんあいて》らすものがあったに違いない。その龍馬の死を泥舟がどのように思ったのか、泥舟が知ったのは、やはり慶喜らが江戸に戻ってくる前後であろう。

絶対恭順までの道のり

慶応四年（一八六八）正月三日鳥羽伏見の戦いに敗れた慶喜は、六日に大坂城を脱出した。この日は、大坂湾に浮かぶアメリカ軍艦に保護され、翌七日、旧幕府軍艦開陽丸《かいようまる》に乗り込んだ。同日には朝廷は慶喜追討令を出した。十一日に江戸湾に入った慶喜は、翌十二日になって江戸城に入城し、西上の意図を表明した。それを受けて十五～十八日には関東の諸関所が固められた。江戸城を主城に関東諸関・諸城等を支城にして、京都の王城守護から離脱して、新たに関東を独立国とせしめ、新たな王城守護者に対峙しようとしたとも考えられる（あるいは、そこで勝利し西上して、新たな王城守護者にゆくゆくはとってかわる）。

しかし十七日になって慶喜は春嶽や容堂にとりなしを依頼し、かつ十九日には在府の諸侯にも同様に依頼した。この段階で慶喜はもはや江戸入城直後にもっていた、西上の戦意を喪失していたものとみられる。フランス公使ロッシュが慶喜に軍事的支援を申し出たのもこのころだが、断っている。このころ旧幕府内部の尊攘派の頭目高橋泥舟が慶喜と面会を許され、以後、慶喜は泥舟を側に置くようになった。さらに二十一〜二十五日ごろには慶喜は隠居を企図した。二十二日海舟を陸軍総裁に、大久保一翁を会計総裁に、泥舟を遊撃隊頭兼軍事委任とした。ここに恭順派が慶喜の側近の中枢を占めることになったのである。はっきりと慶喜は恭順路線に舵を切った。二月五日には謹慎して絶対恭順すること、天裁を待つことに腹を決めた。九〜十日には鳥羽伏見の責任者処罰した（かくして、二月十六日容保は会津へ帰国する）。十一日、旧幕府は慶喜の絶対恭順を布告し、十二日慶喜は上野寛永寺大慈院に入った。慶喜は江戸城を出たのであり、城を枕に敵対する道を完全に放棄したのである。この時、泥舟の遊撃隊が慶喜を護衛した。慶喜は乗り物には乗らず、「徒」、すなわち徒歩であったという（藤田英昭氏のご教示）。これは恭順・謹慎の実を上げるためだったと思われる。泥舟ら遊撃隊はそのまま上野山に駐留することにした。十四日、山岡鉄舟と中条金之助が、慶喜の護衛と市中警備のため精鋭隊を編成するに至った。

慶喜への処分をめぐって

その間の慶喜救解の流れは以下の通りである。一月二十一日、静寛院《せいかんいんの》宮《みや》（和宮《かずのみや》）の嘆願書を持った使者が江戸を出立し、二月六日入京した。その後、二月三十日にこの使者は帰府した。使者は慶喜の恭順が実効あるものであれば、命を助け、徳川家の家名存続はありうることを伝えていた。この情報は大変重要な情報だ。以後、どのように、慶喜の恭順を新政府側に伝え、交渉するかが重要案件となっていく。

慶喜の大慈院謹慎を聞いて、松平春嶽も寛大な処分を嘆願し続けたが、新政府に事実上拒否された。しかし、はっきりとはわからないが、二月下旬ごろ薩摩の大久保利通は、岩倉具視と以下の三点を確認していた。すなわち、①慶喜の処分は、恩恵をもって寛大にするということで、死罪ではなく、その命を保証する、②慶喜は軍門に下り、処罰として、備前池田家の御預けとする、③江戸城ほか明け渡しのこと、軍艦・鉄砲はもちろん引き渡すこと。しかし、これが、和宮や春嶽、そして次に述べる輪王寺宮公現《りんのうじのみやこうげん》法親王（のちの北《きた》白川宮能久《しらかわのみやよしひさ》親王）、徳川茂徳《とくがわもちなが》に提示されることはなかったのである。どの段階で示されたか、それは、駿府の鉄舟・西郷会談で初めて示されたのである（後述）。

二月二十一日、上野輪王寺宮が江戸を出立し、三月六日に駿府入りを果たした。七日には大総督宮有栖川宮熾仁《ありすがわのみやたるひと》親王に面会し、十二日大総督宮から「慶喜は罪を償っていない。慶喜の言葉は信用できない。帰って謝罪の実効をあげさせよ」と命じられた。この時の大総督宮の態度に、輪王寺宮は反発心を持ったという。それが、後に彰義隊に身を任せ、また榎本武揚の軍艦に身を投じ、奥羽越列藩同盟の盟主にまでなった理由の一つだと言われている。

さて、二月十四日には宮は駿府を出発して空しく江戸に戻ってきた。

さらに三月四日、一橋家当主徳川茂徳が江戸を出発、同二十五日以降に大総督宮に嘆願したが、十分な成果もなく、四月四日、帰府した。

三月十一日には篤姫の使者が出発したが、十三日には帰府していた。

こうして見てくると二月末〜三月五日ごろ、慶喜はかなり焦心苦慮したものと思われる。そして、最も信頼する泥舟に使者に立つよう要請したのである。しかし、慶喜はすぐ心変わりをして、泥舟が自分の側を離れると自分を心底守ってくれる者がいなくなることを心配し、泥舟に代わりにだれかを行かせるように命じた。泥舟は自分の義理の弟鉄舟こそふさわしいと推薦したため、慶喜はすぐに行かせよと言ったが、泥舟は、このような大事は上様が直接に依頼せねば成就しないとして、慶喜の前に鉄舟がはじめて呼ばれたのである。それが三月五日以前の話と思われる。

鉄舟の出発

慶喜は、いろいろと聞かされ、そこで弱気になり、「ここまで皆の者に憎まれているとは、かえすがえすも嘆かわしきことよ」と落涙したという。

鉄舟は「なんと弱きつまらぬことを申されるものかは」「謹慎というのは偽りでありまし

ょうか。他に何かたくらみでもあられるのでしょうか」と畳み掛ける。慶喜の「そのようなことはない。なんとか頼む」との言に、鉄舟は出発を約束した。そして、三月五日には初対面の勝海舟に相談した（六日に会ったとする説もある）。すると帰宅後、薩摩藩士益満《ますみつ》休之助《きゅうのすけ》が来訪した。益満は、江戸等で秘密工作に従事していたが、幕府に捕らえられていたのを勝が預かっていた薩摩藩士で、このの ち各所で鉄舟の役に立つ働きをした。たとえば、薩摩弁で弁疎し関門等を通過させるなどである。ともかく六日の朝出発し、川崎、横浜、小田原、由比、清水を経て西郷隆盛が当宿していた駿府の松崎屋に到着した。

鉄舟が江戸を出発した六日、駿府の大総督府では軍議が開かれていた。そこでは①江戸城総攻撃は三月十五日とすること、②攻城戦争等は総督に委任、③旗本や大名が慶喜の件で嘆願してきても前線で取り上げることはしてはならぬ、実効あるならば大総督府で回答する、ことが決定された。さらに「別秘事」として、①もし慶喜が真に恭順し天譴《てんけん》を待つというのなら、軍門に下って拝謁《はいえつ》すること、②江戸城は迅速に明け渡すこと、③軍艦も残らず引き渡すこと、④旗本は隅田川を渡った向島《むこうじま》にて謹慎すること、⑤兵器・弾薬・砲銃等残らず供出すること、ほかに斬首の幕吏は一〇〇人くらいあるのがよいとされたのである。大総督府の方針はここに決定された。あとは戦争あるのみだったのである。そこに山岡鉄舟が、益満を連れて単身乗り込んできた。西郷は驚いただろう。なんというタイミング。方針が決まった以上、前線で旗本や大名がいかに嘆願しようともだめだとされたが、大総督府にダイレクトに交渉しにきて、それができたのは、まさに奇跡としかいいようがない。

九日には、鉄舟は西郷隆盛と面会し、慶喜の恭順を保障した。対して、西郷は、近藤勇の甲州挙兵を糺した。鉄舟は脱走兵のしわざであると力説して西郷を説得した。西郷は「恭順の実効さえたてば、寛典の御所置あらん」と言った。まさに六日の軍議でもうしあわせたことである。鉄舟は問いかける。「実効とは如何」。西郷曰く「先日和宮様天璋院様の使者が来たが、よくわからないままだった。しかし今回は先生の話でよくわかった」とした。要するに慶喜は、罪人の自覚があり、しっかり謹慎しているし、再び逆らうような、首領に祭り上げられるようなことはない、なぜなら身辺は高橋泥舟が目を光らせているからだ。納得した西郷は、大総督宮に鉄舟から聞いたことを言上し、そのうえで鉄舟に処分案五か条が示された。その内容は、鉄舟によれば、①江戸城明け渡し、②徳川家臣は向島へ移住、③兵器引き渡し、④軍艦引き渡し、⑤慶喜を備前池田家にお預けであった。

ところが、西郷が提示したのは、つぎの七か条だったという史料もある。すなわち、①

慶喜は謹慎し備前池田藩にお預け、②江戸城明け渡し、③全軍艦の引き渡し、④全軍器の引き渡し、⑤江戸城内居住家臣は向島で謹慎、⑥慶喜の妄挙を助けた面々は厳重に取り調べ、謝罪させること、⑦玉石を共に砕いてしまうのではなく、つまり、恭順したものは助けるから、鎮定の道筋をたてればよい。しかし、暴発して手に余るようであれば官軍が鎮圧する。七か条は新政府側と海舟の双方に残されている。

なお、⑦などは、のちの彰義隊の暴発を想定したような条文である。総じて七か条の条文の方が幾分厳しい。おそらく実際には、西郷提示の七か条であっただろう。鉄舟の五か条は、明治十五年に鉄舟自身が作成した文書「慶応戊辰三月駿府大総督府ニ於テ西郷隆盛氏ト談判筆記」からの引用なので、徳川方に優しくなっているのかもしれない。あるいは七か条が厳しいと思った鉄舟が、徳川方に受け入れられやすいように五か条にしたのかもしれないが、いまのところ不明である。しかし、仮定であるが静岡談判直後に五か条にしたとすると以下のことが考えられる。

すなわち両者の一番大きな違いは、慶喜の救解が最も後にあるのが山岡の五か条で、慶喜問題が最初にあるのが七か条である。七か条は、新政府側が最も重視したのが、慶喜の処遇であり、これが決まればあとはそれに伴う手続き的な問題が列挙された形になっている。つまり武装解除、すなわち江戸城明け渡し、すべての軍艦・武器弾薬引き渡し、戦闘員の収容、敵対責任者の処分、以上に逆らった場合の処分などが二次的な手続き的条項である。それに対し、もちろん、新政府にとって何が最も重要なのかわかっていた鉄舟だからこそ、最も重要な慶喜処隅案⑤、つまり慶喜を備前池田家に預けを保留にして、旧幕府側が受け入れやすい、①江戸城明け渡し、②徳川家臣は向島へ移住、③兵器引き渡し、④軍艦引き渡しを、順序をかえて受け入れたのではないだろうか。最も重要な問題を保留にしたのは、これを梃子にすれば、それ以外の手続き的条項も交渉の余地が生じることになるからである。仮定ではあるが、こうした点を勘案すると、鉄舟の交渉は実に巧みであり、交渉能力にたけていたともいえるのではないだろうか。

ともかく、西郷は「開示した五ヵ条（七ヵ条）が実行できれば、徳川家寛典はありうる」とした。鉄舟は「了解した。しかし、主人を備前に預けるのだけは請けがたい」として、先にも述べたように最も重要な案件慶喜処遇を保留したのである。この後、鉄舟は堂々たる正論、たとえば、西郷が逆の立場であったなら島津久光の処分を決められるのかという論点を展開して、慶喜の預け先を保留とすることを西郷に納得させた。そして後日（実際には十三日、十四日）の江戸での再交渉の日程を約して鉄舟は江戸に戻ったのである。

鉄舟の帰還

かくして十二日には鉄舟が江戸に帰城したという。しかし面会の翌日に帰府したとする、十日説もある。いずれにしても帰ってすぐに鉄舟は大久保忠寛・勝に報告した。当然、慶喜や泥舟にも報告があったものと思われる。かくして、十二日、江戸市中に安寧の触れが出されるにいたった。翌十三日には西郷が高輪《たかなわ》の薩摩屋敷に入り、勝と会談した。当然、鉄舟も同席した。翌十四日も田町の蔵屋敷で三者会談があり、その結果、決定した内容は、①慶喜は水戸で謹慎、②江戸開城、③江戸城は田安慶頼《たやすよしより》お預け、③軍艦・兵器の引き渡し、④徳川家家臣は城外で謹慎、⑤鳥羽伏見の責任者寛典であった。そして、これに従わない場合は鎮圧するとの大総督府の方針が伝えられた。かくして十五日の江戸城総攻撃は前日の三者会談を経て、正式に中止されたのである。

しかし、繰り返しになるが「江戸無血開城」大枠は、九日の静岡会談で決まっていたと言えるのである。それは交渉のキャスティングボードを鉄舟が握って帰ってきたからである。高輪・田町の江戸三者会談はもちろん、静岡会談の確認・追認と慶喜の処遇の交渉、手続き的条項の交渉が残っていたが、慶喜を備前岡山藩預けではなく、どのようにするのが、落としどころとして最も良い策なのかを知恵を出し合えばいいのである。徳川の家名が存続すれば、そこで謹慎すればいいが、まだ決まっていない以上、新政府にとっても、新政府に恭順する旧幕臣にとっても、そして慶喜にとっても、最も安全な場所、それは慶喜が幼少期を過ごした水戸しかなかったのである。水戸藩は勤王の魁藩であり、徳川御三家であり、慶喜の実家でもあったから、これ以上の適地はなかったであろう。旧幕府は最後の最後でまとまっていい案が出せた。これも泥舟推薦の鉄舟が、静岡大総督府に飛び込んだ成果である。こうして旧幕府と大総督府の合意ができたのである。

二十日には西郷が入京し、京都で、先の静岡会談・三者会談の合意を承認させた。この際、西郷は江戸を焼き討ちにした場合において築地《つきじ》居留地が戦火を蒙った時は、国際的に窮地に追い込まれることを力説したと考えられる。西郷は二十五日には駿府に戻り、四月四日に勅使橋本実梁《はしもとさねやな》・柳原前光《やなぎわらさきみつ》と西郷らわずかの人数（数名）が江戸入城した。大人数で乗り込んだ場合の旧幕府側の反発を避けるためと言われている。また、西郷はいつ殺されてもいい準備、つまり自分が殺された場合は江戸の四方に滞在している官軍が、風上から一斉に火を放つ準備をしていたとも言われている。なお、この日、江戸城内で儀式の最中から西郷は居眠りをしていて儀式が終わっても寝ていたため、大久保忠寛から起こされたともいわれている。こうしたエピソードが、豪胆な西郷のイメージを作り上げていったのだろう。

そして十一日、無血開城が正式になった。開城後は、先に決められた田安家ではなく尾張藩が預かった。田安家は、この当時徳川家当主の位置づけであったが、実行部隊である軍勢がいなかったことから、城郭を守備するのはできないとされたのだろう。薩摩や長州や土佐などの軍勢が入場した場合、江戸の幕臣・庶民の心理的抵抗感は大きかったと思われる。そのため、早くから明治政府側にあったが、徳川御三家筆頭の尾張藩が江戸城を預かったのであろう。

恭順の実効性を判定

さて、ここでもう一度、鉄舟・西郷の静岡会談に関して考えておきたい。西郷が初対面の鉄舟に初めて徳川家処分案の開示をしたのは、なぜなのだろうか。鉄舟以前にさまざまな使者が立って嘆願しているのになかなか処分案が開示されなかったにもかかわらず、なぜ単身乗り込んできた鉄舟に開示されたのか。すなわち①鉄舟が旧知の海舟の紹介状を持っていたから、だけでなく、さまざまな原因が考えられる。現時点では、下記の②③も検討に値するものと思う。すなわち②幕府内で勤王家として有名な泥舟の義弟だから、③その泥舟が慶喜の傍らにいて恭順の実効性があるからと西郷が考えたからの二つが主に考えられる。

たとえば②の参考史料として、岩倉具視の探索書、「伊勢守高橋忍斉侯之伝［岩倉具視関係文書」」（国立国会図書館所蔵）を見てみよう。本史料も拙稿「幕末維新史と城郭・城下町・武士」に収録している。

ここには泥舟が槍術に長じ、人々が心服していること、慈悲深く、下情に通じていること、正義の人であること、「実ニ幕政府旗下士之最大一ト奉存候《ぞんじたてまつりそうろう》」とあって泥舟が幕府内で最高の尊王家であること、泥舟が朝廷の為に働けば「乍恐《おそれながら》天下蒼生《そうせい》之大幸」であると書かれている。泥舟こそまさに王城の守護者にふさわしいということなのである。

そして、③その泥舟が慶喜の傍らにいて恭順の実効性があるからと西郷が考えたことがかなり重要なポイントであっただろう。すなわち、大総督府の方針は、慶喜の恭順が実効性があるかないかが最も重要であったからである。

したがって、官軍が充満する東海道を、まさに死地をかいくぐって駿府まで赴いた鉄舟と慶喜の絶対的な信頼を基に慶喜の恭順の実をあげようとする泥舟、この二人によって成し遂げられた偉業が、「江戸無血開城」である。もちろん海舟の役割は確かになくはないが、功労は鉄舟が第一、ついで泥舟、そして海舟とするのが至当であろう。それは、最初に揚げた、慶喜の「一番鎗は鉄舟」の評価と一致する。

ともかく、江戸城を捨てて、城下の関係寺院に入って謹慎するという、恭順としてはかなり軽めの行為が、朝廷への敵対心を放棄して処断を受け入れるということを意味し、政治的な生命が終わったことになったのは、それが真実であると誠意をもって保証した鉄舟や泥舟の力が大きかったことを意味している。反新政府勢力があわよくば慶喜を奪還してさらに敵対しようと思えばできる可能性はあったのだから、新政府としても、鉄舟と泥舟を信じることは、大きなかけであった。しかし、鉄舟はともかく泥舟は文久期から京都政界には知られる著名な尊攘派の人物だった。幕臣でただ一人、京都で朝廷から「伊勢守」を叙任された人物である。「高橋伊勢」のネームバリューは大きかったと思われる。

全国的な政治権力と龍馬が認識していたように貨幣鋳造権を有し、さらに軍事指揮権を持った征夷大将軍のシンボルであった江戸城とその城下は、新政府に対する慶喜方の自発的な恭順謹慎と献上行為によって新政府の手に平和裏に帰したのである。これによって新政府は、改めて全国的政権（全国的な政治・軍事権力、財政的基盤を有する政権）として君臨することが初めて可能となった。徳川家が有していた王城の守護者の権能は完全にあらたな守護者に内包され、徳川家もその指揮下に入ることになったのである。すなわち徳川家がもっていたすべての権限・権威を明治新政府が吸収したのであった。

こうして慶喜を頂点とする徳川家はいちおう救われたわけだが、それは旧幕臣たちにとってあらたな困難の始まりでもあった。次に、慶喜の水戸への道中と謹慎生活に関して述べてみたい。

慶喜の恭順道中と水戸での謹慎生活

泥舟による日記

水戸で謹慎した慶喜に関しては、ほとんど知られていない。しかし、その時期の動向がわかる史料として泥舟直筆の「御用中　雑記」がある。藤枝市郷土博物館所蔵の史料である。「貼り外題」には「高橋泥舟自筆・御用中雑記・御用日記」とあり、「内題」は「御用中雑記　第一」とある。これを用いて、慶喜の上野寛永寺大慈院出発から水戸までの恭順の道中、そして水戸での謹慎の暮らしぶりを見ておこう。そこには泥舟やその周辺のみならず、慶喜の動向も垣間見ることができる。なお本史料もたいへん難解で、高橋泥舟史料研究会のメンバーの協力でなんとか読むことができた。

この時期の泥舟の役職は、大目付上席、遊撃・精鋭両隊総括兼御側御用取次で、ようは慶喜警備の最高責任者で、慶喜側近であった。慶喜のボディガードであり、慶喜の秘書の一人でもあって、慶喜に一番近かったと言っていいだろう。その日記なのだ。

松戸まで

　日記は水戸出発当日の慶応四年（一八六八年）四月十一日から始まっている。その日の記事は、「七ツ時御供揃《おともぞろい》ニ而《て》御出途相成ニ付、四ツ時出宅、上野大慈院へ罷出《まかりいで》御目見有之《これあり》、御道中隊中取締之義等厳重可致与《いたすべきと》上意有之、頭共不《のこ》残《らず》罷出、其後御出発懸、於御玄関井上八郎　御目見被仰付《おおせつけられ》」とある。すなわち、朝四時ごろ供ぞろいで出立とのことで、泥舟は夜十時に自宅を出て大慈院に赴き、慶喜に御目見えした。慶喜からは「道中、隊の取り締まりを厳重にすること」を各隊の頭たちが呼ばれて厳命された。出発がけ、玄関で井上八郎が、慶喜に御目見を仰せつけられた。井上は、鉄舟の高山時代の剣術指南役であり、この時は遊撃隊頭であった。井上は、江戸の旧幕臣鎮撫のため、江戸に残ることになり、御目見をしたのだろう。こののち、井上は歩兵奉行、陸軍頭御用人・浜松城代となり、廃藩置県後は、水俣県権参事になっている。

　千住で昼休となり、今日から昼の賄を下されることとなった。公務だからである。彰義隊は千住まで供が許された。これによって上野山で慶喜を警護するという、彰義隊の存在理由の一つがなくなった。彰義隊は、これ以後、上野山にある徳川家歴代の宝器・什物を警護するという名目で活動するようになる。この日は、松戸宿泊で、正午に到着、御機嫌伺にまかり出た。第一日目は無事済んだようだ。しかし、総勢一七〇〇人の軍勢である。それも敗軍の将であるから、その行軍は困難であったろうが、そこは乗り切るしかなかったであろう。なお、慶喜は、前日十日に出発するはずであったが、腹痛と下痢のため、翌日になった。それも病を押してということであった。なお十日の夜のようすは、本書冒頭に記した通り、「江戸無血開城」において鉄舟が、「一番鎗」であると慶喜から称賛された。

翌十二日「払暁《ふつぎょう》松戸御出発」、すなわち明け方松戸を出発。我孫子《あびこ》で昼休、藤代に泊。午後二時頃着、しばらくして、泥舟は御機嫌伺いとして慶喜の旅館へ参上した。

対立や困難を越えて

同十三日、やはり明け方出立、牛久《うしく》昼休、土浦泊。正午頃着。御機嫌伺いに罷り出た。この日の夜のことである。旧幕府代官手附川崎才一郎という者が反乱を起こし、同手代大村幾三郎を疵付けた。手負いの大村が泥舟の旅宿へ駈け込んできた。そこで急ぎ家来をもって、医師等を呼び寄せ大村を治療させるとともに尋問もした。すると、川崎は、同手代の高崎丈四郎という者へも深手の傷を負わせたとのことで、その後、目付の旅宿より、泥舟を迎えに来た者があったので、早速目付の所に行ったところ、犯人を召し捕るのが当然だと目付が頼んできた。そこで、今堀越前守が同所へ呼び寄せられ、各方面に通達などをしていたところ、犯人川崎がいる旅宿の前に、精鋭隊久保栄太郎組がたまたま通過した。すると突然川崎が切りかかってきた。とりあえず服部隼之助が立ち合い、一刀打込んだ。その後、鉄舟実弟で精鋭隊士の小野飛馬吉《おのひめきち》が後より二ノ腕を打落し、すみやかに切殺した。深手を負った手代大村は、その夜、死亡した。旅宿へ駈け込んだほかの者（前述の大村とともに川崎に斬られた者）は存命であるが、これも危篤の由との事である。「江戸無血開城」直後の異常な状態の中で、旧幕府代官の手付や手代が、内部争いを起こし不穏な状態であったことが理解される。慶喜の近くではこんなことも起こっていた。

十四日は、同じく夜明けに土浦を出発。府中昼休、片倉泊。正午過ぎに着。この宿は貧宿だったので、慶喜の旅館も非常に貧弱で、特に別に警衛場所等を取り繕い、勤番をさせた。泥舟の宿も諸隊の頭たちとみな一緒に泊ることになるほどだった。場所によってはこのようなこともあったのだ。罪人慶喜にとって不自由な旅であった。

水戸に到着

十五日も夜明けに出発、長岡宿で昼休、正午頃水府、すなわち水戸に到着した。慶喜は弘道館に到着し、夕刻には泥舟は慶喜のもとに御機嫌伺いに

図19　弘　道　館

参上した。諸隊の頭たちとともに御目見を仰せ付られ「重キ上意を蒙ル」すなわち、重大な命令を承けたまわった。おそらく、慶喜自らは厳しく謹慎すること、供の者たちも同様にすること、江戸に残った幕臣が暴発しないように何らかの対策せよ、とのことだと考えられる（後述）。慶喜の左右に直接仕える者は、二〇人までとされた。

この日、吉田和次郎が泥舟のところに来て、玉子を持参したので金一〇〇疋差し遣わして、炭・こんろ・火打・菓子など整えてほしいと依頼した。そこで酒代として、金二〇〇疋を差し遣わしたという。また、「夕刻、鮎澤伊太夫より酒壱斗・重結（詰カ）、つまみ物・さしみ・鯛之煮付・なまかい・竹の子之甘煮」がもたらされた。

同十六日は、前日の鮎澤へ文を差遣した。晡方、つまり食事に関して、周旋を依頼したという。泥舟ならびに諸隊の頭たちが、一人金一両二分ずつ出金して、到着の祝義として、

「調方懸り」の総人数へ差し遣わしたとする。自分たちの食事の心配のみならず、配下のものたちに祝儀を出すことも大事であった。

同十七日は、不快なので平臥していたが、夕刻には御機嫌伺として外出した。そこで、浅野美作守殿（歩兵奉行）へ面会したところ、頭共より不平を申し出ているとのことで、説得してほしいと相談があった。そこで、夕刻、今堀・小山へ談判に及んだところ、承服した。この件を若年寄へ申し上げ置いた。慣れない土地で不平不満が渦巻き、泥舟が説得にあたったことが知られる。この日は、仙台藩儒者大槻磐渓《おおつきばんけい》の漢詩集「寧静閣詩集」を購入した。旅先の無聊を慰めるためであろう。泥舟は、漢詩や和歌の素養があった。

水戸での暮らし

同十八日は、泥舟への拝領物が仰せ付けられた。浅野美作守殿から仰せ渡された。その他、配下の八三郎と大草に責馬（泥舟の馬を乗りまわして訓練すること）を依頼した。比較的平穏な日々を送っている。

同十九日は「別条なし」と書いている。また「御殿へ日々罷出《まかりいで》ル」として、勤務をしている。なお、大澤錐三郎の歎願が肝煎頭取より申し出があった。この件は、二十三日の条に、「大澤錐三郎之義、美作守殿へ申上、御前へ御伺相成候処《あいなりそうろうところ》、此度限り御《お》咎《とがめ》不被仰、隊末ニ差加へ、御手当壱人半分被下旨、美作守殿被仰渡《おおせわたされ》、同人へ於旅宿申渡」とあって、大澤は、慶喜の特別な許可で隊末に加えられ手当を与えられることになった。一度脱走して、後、帰参し、情状酌量の余地あって、今度だけは許すと、お咎めがなかったものと思われる。二十五日には、錐三郎は手当金を請け取り、証文へ調印した。

同二十日も「別条なし」であるが、「御前より詩歌致し候様、御題被下、浪・合歓花《ねむ》」とあって、慶喜から浪・合歓花を題に詩歌を作るように命じられた。時間をつぶすためにそうした課題が出されたのであろう。どうやら慶喜は自らが描いた浪の絵と合歓の花の絵に臣下の歌を書き入れようとして、こうした題を出したようである。歌心のある者がいなかったのか、作った者が少なく、慶喜は不興だった。そこで慶喜は泥舟に是非作るように求めた。そこで、泥舟が作ったのが、「吹風に散るかとみれハさきいてて、さかり久しき浪のはつ花」の和歌と、原文は漢詩だが、読み下し文で「花を愛して色を重ねず　声徳君が識るを喜ぶ　葉濃く残陽を含み　露多くして枝に力なし　一夜暴雨灑ぎ　清芬発して未だ得ず　曽て合歓名を呼ぶ　衆心愴測すること莫し」である。これが慶喜の浪と合歓の花に書き加えられたとのことであるが、現存しているのか未見である。慶喜と泥舟の距離が相当に近かったことが理解できる。

同二十一日も「無別条」。二十二日は、「雨風」「無別条」、ただ、「中条より菓子少々到来」「本間栄七郎より焼酎三樽送り越、内、壱樽取置、弐樽者《は》中条・中島両人へ相渡ス」とあって、菓子や焼酎などの食品の贈答が知られる。水戸藩士本間からの焼酎三は一つを泥舟が受け取り、二つを中条金之助と中島に渡したとある。二十三日は、「今日より手賄之事」とあって、食費は自弁になった。またこの日は、「鯉壱本頭ゟ《より》差越」「烟草四玉金弐分ニ而《て》相求」「韻府一隅四冊、代四十匁」「増補伊呂波韻小本壱、拾四匁」が記されている。書籍は詩歌を作るためのものであろう。

二十四日は、「無別条、夕刻より会津へ罷越《まかりこし》面会致し帰ル、うなき少々藤沢より到来」とあり、夕方から会津へ行き面会したとあるが、水戸に会津藩士が滞在している所がありそこに行って、藩士に面会して帰って来たということであろう。朝敵とされた会津藩主松平容保は、すでに二月十六日には江戸を出発して会津に帰国していた。新政府からすれば、会津の軍勢が勢いを増しているので、四月十四日に薩摩・長州以下一二藩に出兵命令を出した。十九日には、新政府の奥羽鎮撫総督府は、仙台藩に命じて会津を追討させるが、これは成功しなかった。この日はそうしたことが話されたのであろう。

二十五日からは、「手馬飼料総而《すべて》自分ニ而取計《とりはからい》候事」とあり、自分の馬の飼料は自分で賄うこととなった。また、「庄次江戸へ罷越《まかりこし》候ニ付、金五両小遣差遣《さしつかわし》、杉島同道也」

とあって、庄次と杉島を江戸に派遣し、小遣いとして五両を与えた。江戸の様子を探らせたものと思われる。やはり彰義隊など江戸残留の旧幕臣の動向が気になっていたものと思われる。それは、泥舟のみならず慶喜の気がかりなことでもあった。

二十六日、二十七日は、「無別条」。二十八日は、「落合鉦三郎より、うなき大四串到来いたす」とある。二十九日には、「支配向ニ而詩歌幷認物出来候者《そうらわば》御《お》尋《たずね》有之《これあり》」とあって慶喜から詩歌ができたかどうか下問があった。前述した浪と合歓の花のお題の歌の応募者が少なかったためであろう。そして、閏四月朔日には「昨日白井音次郎を以、御尋有之候支配向詩歌・認物之義申上候処、御写し物、敷山・相川・小池・西田へ被仰付《おおせつけられ》、直ニ調方頭取へ相達ス」とあって、慶喜側近白井音次郎を通じて例の下問の詩歌等を呈上したことがわかる。

慶喜側近の倅たちの復讐劇

また、閏四月一日には慶喜の謹慎を脅かすようにも思われる事案が書かれている。

梅沢兄弟による事件

すなわち、夜半十二時過に藤沢が来て言うには、梅沢鉄三郎・同鉄四郎の実兄鉄次郎が、元治元年（一八六四）に水戸藩の内紛で鈴木石見・市川三左衛門の手勢に殺害された。その時、炮丸で打ち殺され、首級を取られた。首を取った者は、当時百性身分から召し出され、水戸殿先手同心となった藻垣源六であった。その藻垣に梅沢兄弟がたまたま出会い、敵として打ち果たしたとのことであった。藤沢は、その梅沢兄弟の届書を泥舟のもとに持参したのである。もはや深更でもあるので、明朝、相談すると言っておい

た と記す。

そこで翌日早朝、泥舟は、梅沢の件で、藤沢を呼び寄せた。兄弟の父梅沢孫太郎の実兄国友与五郎は、何の役を勤めていたのか、聞いておくように指示した。また、讐敵の屍体等はどのようにしたのか、まだあるのか、それも聞くように言っておいた。梅沢兄弟より差し出した書付は、浅野美作守に、進達した。さらに梅沢孫太郎宅へ行き、倅たちの復讐の終始、その委細を承った。そこで泥舟ならびに諸隊頭たちの差し控え（出仕を自発的にやめることを申し出る）を美作守へ伺ったところ、まずは、それには及ばないことを言い渡された。泥舟は御殿へ出かけ、さらに御目付森泰次郎へ右のことを報告した。

梅沢孫太郎は、一橋家の目付から用人になり、慶喜の将軍就任で幕府目付となっていた。したがって、その倅たちの問題は父孫太郎にも直結し、慶喜にも関係してしまうことから、問題になったのであろう。また倅たちは、泥舟の遊撃・精鋭隊やほかの隊に所属していたものと見え、泥舟や頭が差控えを検討したものだろう。あるいは、精鋭隊士小野飛馬吉らの助太刀の影響もあったのかもしれない。ともかく梅沢兄弟の件を隊中へ聞かせて慎しみ置くよう美作守から命じられた。

そして御目付森泰次郎より迎えが来て、御殿へ出かけ、梅沢兄弟処置方の件は、水戸藩の小十人目付へ相談したところ、梅沢兄弟の敵である藻垣源六を殺害したことは、内々で済すように致したいと申し出た。泥舟も主人慶喜が「御謹慎中」なので、願くは穏便に済ませたい。そのため、孫太郎差控え伺も不快の理由で、また倅両人も同じように不快ということで、今堀越中守・伊庭軍兵衛に達し置き、おそらく内々に済むのではないかと思うと記している。

はたして、四日に目付より手紙が来て、御殿へ出たところ、梅沢兄弟が藻垣源六を打ち果たしたのは、公然と取り扱うことになったので、差し控え伺書を差し出すようにと命じられた。そこで、直に認めて差し出したところ、即刻、その儀には及ばないとの附札を以て命じられた。すなわち梅沢兄弟へ申し渡しは、肝煎名代にて申し達する積りと相談して置いた。もっとも出立は来七日に出発の予定で、美作守殿へ申し上げた。すなわち、これにて聞き済になった。どうやら藻垣側からの復讐を避けるため、梅沢兄弟は他所に行くことになったようだ。

この件も大ごとにはならず、慶喜の謹慎を妨げることにはならなかったが、しかしこの一件は実はまだ完全に落着したわけではなかった。すなわち、五日には、梅沢兄弟の歎願書を内々に藤沢が泥舟のもとに持参した。しかし、もとより請け取るべきものではないので、直に差し戻した。翌六日には、梅沢より差し出した歎願書の件で、山本九十郎方へ杉浦金次郎より、なお内歎願があり、山本より委細を申し出て来た。ついてはこれまで寛大の所置を致し置くこともあったが、右のような我儘を申し出ては、頭たちの役柄が立たないので、杉浦を呼び寄せて委細を相談したという。

七日には、梅沢兄弟は、予定通り今朝出立したので、その旨の御届書を頭たちより差し出し、その写しが調方《しらべかた》より出てきた。これでやっと梅沢一件は終息した。慶喜謹慎中という特殊な状況下では、何をおいても穏便が最も大事であったといえよう。

物品の授受

閏四月二日にもどると、「武田源五郎より酒壱斗樽・大鯛弐尾差越ス」に続いて、「一、中条より山岡義大目付被仰付《おおせつけられ》候哉之段申来ル、尤《もっとも》精鋭隊兼勤之由也、同役共より文通差越」とあって山岡鉄舟が梅沢の代わりに大目付に就任した。平時であれば、大出世である。しかしすでに幕府はない。徳川家の家政機関の大目付ということになろう。しかし、慶喜の恭順を妨げるように思われる旧幕臣がまだまだ多い中では、重要な役職だ。実際、鉄舟は彰義隊の動向を探ったり、慰撫したり、説得したりした。

このころから、泥舟の日記は物品の記事も多くなる。この日は「米弐両分相求、両ニ弐斗弐升也」、同三日は「読史雑詠二　代十四匁」「雪夜清話一　六匁」「義人遺草一同」「門人中よりかすてゐら大一箱差越」など。米や本の入手、門人からカステラを贈られている。どんな味だったのか。幕末の江戸には多くのカステラ職人がいたとも言われているので、おそらく江戸の門人たちからのもので、なつかしい江戸の味がしたのではないだろうか。

ほかにも「かつふし三本　代弐朱ニ而、つり弐百五十文程」「砂糖二斤　金百疋ニ而、つり三百文程承ル」。かつぶしと砂糖は、「中西へ相頼ミ相求ム」とのこと。「茶、上中二箱求候事」「昨日よふかん一棹・棹まんちう一本、中西へ相頼相求」「生ます壱本、金壱分三朱ニ而相求」「同断大壱本、手島より到来いたす」と細かく書き付けている。

同四日に「歌書相認候四人江御菓子料被下《くだされ》候段、新村主計頭より白井音次郎を以《もって》、金弐百疋差越、直ニ罷出、御礼申上ル」とあり詩歌を提出した精鋭隊四人に対して慶喜から御菓子料が下賜された。結局、慶喜の求めに応じて提出したのは四人だった。慶喜は泥舟のものをよしとして自ら描いた浪と合歓の花の歌としたのである。泥舟は直ちに慶喜のもとに向かい、礼を申し上げた。また「写し物紙余分有之候ハヽ、精鋭隊へ相廻し候様仕度、白井音次郎より申越、其段小山へ達し置」とあって慶喜側近から写本のための紙を入手したらしいことが記されている。したがって、同五日には「歌書写出来ニ付、奥へ持参、成田下総守へ相渡ス」とあって詩歌の書を慶喜に呈上したことも書かれている。以上から慶喜が水戸謹慎中には詩歌に力を入れていたことがよくわかる。そうした趣味に入れ込むことが、政治を忘れることであり、命を永らえることであるのを水戸で実感したのではないだろうか。それは泥舟も同じだったかもしれない。明治期の慶喜と泥舟を考える上で、水戸での生活は実に興味深いものがある。

江戸の情報を入手する

閏四月六日には、「山岡へ文通幷宅状、吉田和次郎水府出発ニ付、相托す」また「明日梅沢出発ニ付、山岡へ同人義周旋之義、書面差遣ス」とあって、江戸の山岡鉄舟および自宅に書状を認め、鉄舟には梅沢兄弟のことを依頼しているので、梅沢らは江戸に行くことになったのであろう。翌日も「山岡へ文通差出、右者《は》江戸之模様承り度旨、御前より被《おおせいだされ》仰出候ニ付、書状差出候様、美作守殿より咄有之候ニ付、差出ス」とあり、慶喜が江戸の様子を気にしていることがわかる。これは閏四月四日に勝海舟が、大総督府に上書して、慶喜を江戸に帰させ、暴発しそうな旧幕臣を鎮撫させようとしたことに対して、それほど江戸はまずい状態なのかと慶喜自身、確認したかったのだろうと思われる。

同八日には「今朝武次郎、鹿島郡知己之者方へ参り度申出候ニ付、差遣ス」「唐紙扇子認、武次郎へ遣ス」とあり、泥舟が認めた扇子をもって武次郎が、鹿島郡の知己の者の所へ行ったことが記されている。これもまた情報収集の一環かもしれない。鹿島や銚子は商業が盛んで、人の往来があり江戸の情報が入手しやすい場所である。

十一日、「美作守殿より更代之義ニ付、内話有之、猶《なお》中条へ相談し、又々同道ニ而美作守殿御旅宿へ罷出《まかりいで》、面会いたす」とあり、浅野美作守・中条金之助・泥舟の間で人事の交代が話題になっている。十二日にも「更代之義ニ付、残り之者名前書、調方頭取相招キ、為認《したためさせ》候事」「美作守殿用談有之候ニ付、直ニ出殿候様申来、罷出候処、更代之義、今一応、上様ニ而御勘考被遊《あそばされ》候間、少差扣《さしひかえ》候様、咄有之、中条へも同断」とあって慶喜が考えるところがあるので差し控えるようにとなった。さらにこの日「奥詰之者人撰申上候様、御沙汰有之候旨、美作守殿より内話有之」とあり、奥詰の者たちの人選をするように内話があった。江戸の状況が緊迫していることから何らかの手をうとうとしたのであろう。

十三日には、「御殿ニ而美作守殿へ面会致し候処、更代之義、暫是迄《しばらくこれまで》之通、乍去《さりながら》頭両人為御用《ごようとして》御帰し相成り候間、名前取調差出候様、談有之、夕刻越前守・等兵衛相帰し候段名前書御手元へ差出、御日付へも相達、即刻御書付御渡相成、頭へ相達ス、明後十五日出立之積《つも》り」とある。御殿で美作守と面会したところ交代の件はこれまで通りであるが、頭二人は御用として江戸に帰ることになった。そのため誰を江戸に戻すか相談した。それで今枝越前守と等兵衛とした。それを名前書にして慶喜のもとに上げた。目付に通達され、即刻命じられたとする。明後十五日出発となった。

また「奥詰之者名前書、御同人へ差出、羽太・福井・浅井三人也、其内羽太へ見込を附、進達、新村主計頭へも委細談し置、何れ参政頭取逢有之候旨ニ候事」とも書かれている。すなわち奥詰も羽太・福井・浅井三人が交代することになった。三人のなかで羽太になると予想をして、新村にも詳しく相談した。これらも江戸の様子を情報収集するための江戸帰りではないかと思われる。

十五日には「今朝、越前守・等兵衛出立いたす、昨夕参政勝へ之文通同人へ相托す、宅状も同断」とあり泥舟は勝海舟への手紙を認め越前守と等兵衛に託した。おそらく、江戸の状況を心配する内容であろう。泥舟と海舟の一定の協力関係がうかがえる。また、自宅からの手紙がないことから「過日、宅より消息のなケれはとて、いかゝやしけんとたそかれ頃、風与《ふと》思ひ煩ひて居しに、故里の空よりほとゝきすの鳴にケれハ、不取《とりあえず》よめる」として「おとつれのケふかあすかとふる里の空より鳴や、山ほとゝきす」（ふるさとからの便りが訪れるのは今日か明日かと思っている。故郷の空より鳴くのか、山時鳥よ）と書き留めている。また「今朝御殿へ罷出候処、御袴地成田下総守より渡有之、成田へ江戸表より差越候新聞貸置」とあって、成田下総守経由で慶喜より袴地を下賜された。また、江戸より到来した新聞を成田に貸し置いたことも記されている。泥舟らの情報取集が、江戸からの新聞にもあったことがわかる。この「新聞」は、幕府開成所教授柳河春三《やながわしゅんさん》編集・発行の『中外新聞《ちゅうがいしんぶん》』（慶応四年二月創刊）あたりであろう。『中外新聞』は佐幕的な記事も散見される。それを成田に貸し置いたとするが、おそらく新聞は慶喜が所望したのではなかろうか。この新聞は、江戸に戻っていた鉄舟がもたらした物であり、江戸発行と思われる新聞が地方、それも慶喜にもたらされていた可能性を示す点で興味深い事例と言えよう。

江戸の暴発を防ぐ

また十七日には「夕刻庄次着、江戸より荷物差越、増田義も同行ニ而相登り、江戸之模様委細相承ル」と江戸より戻った庄次、増田から江戸の様子を詳しく聴取したことが知られる。翌十八日には、「江戸表之義ニ付、早々知己之者為相登《あいのぼらせ》、慎（鎮カ）圧方行届候様可仕《つかまつるべき》旨内命、美作殿ゟ《より》も急遽相登セ度申聞候ニ付、明早朝、早追ニ而松江外壱人為相登候、尤鹿島へも脱走之者廻り居、是亦《これまた》不都合之義有之、内命有之、早々慎（鎮カ）圧可致、是も知己之者之内差遣し可申与之義ニ付、須永於菟之進差遣」とある。人を派遣して江戸表の暴発を鎮めよとの慶喜の内命が美作を通じてあり、早々に松江ほか一人を派遣することになったこと、鹿島にも脱走の者が参集していて不都合だとの慶喜の命で、早々に鎮撫のため須永於菟之進を差し遣すことにしたという。

さらに「軍用金之内を以、右為相登セ候者へ手当両（三）人へ六十五両道中幷江戸入用差遣ス、松江へ五十両、須永へ廿五両、同人召連候人物へ十両、須永召連候同志之者へ十五両差遣ス、松江義者江戸表ニ而暫時勢為取調《とりしらべさせ》、手間取可申候ニ付、余分相渡ス」として軍用金の中から、江戸派遣者へ六五両、松江へ五〇両、須永へ二五両、須永召し連れの人物へ一〇両、須永召し連れの同志の者へ一五両と路銀・日当・情報収集料を提供している。この軍用金は、慶喜に臣従していた新門辰五郎《しんもんたつごろう》が管理していた金員と同様なものなのか、別のものなのか、気になるところではあるが、詳細はわからない。なお松江は江戸でしばらく情報探索をするので余分に渡したとしている。

また、「江府之模様、山岡より之書状申越候件々逐一　御前へ申上候事」とあって鉄舟の江戸情報を慶喜に逐一報告している。鉄舟の情報は信頼性が高かったのである。「中条より承り候義有之、頭幷頭取呼寄、内談いたし、明日より他出不致《いたさず》様隊中へ相達ス」とあって、江戸の情勢が緊迫していることから諸隊頭たちを呼び出し、内談の上、禁足令が明日から出されると記されている。こののち、二十三日には「御前へ罷出、方今之形態種々御内話有之」とあって、おそらく江戸の状況の対応策を慶喜と話し合っている。二十四、二十五日も慶喜と会っている。そして残念ながら、閏四月二十五日で日記は終わっている。近辺で変事が起こったり、江戸の情勢に気を配ってはいるが、全体的にこれまでの日常生活とそれほど変わらない生活を送っていたように思われる。ただ、慶喜がもっとも恐れていたことは、旧幕臣の暴発であり、それらの予防や探索のため、多くの者が江戸に派遣された。さらに慶喜は鉄舟の情報に信頼を寄せ情勢を分析していた。これらのことが、慶喜側近泥舟の記録からよく読み取ることができる。

所領の決定

さて、次の記事で水戸での日記は終わっている（閏四月二十五日条）。もっと知りたいわれわれにとっては、いささか残念な終わり方だ。

一、御殿へ罷出、他出之段申断、桜井新兵衛・梅沢両人也、
　上丁より下町へ見廻り致ス
一、四分一梅フクロウコシリ
　金銀三カイ笠目貫　廿壱両壱朱　此外二分
一、南蛮鍔　金壱両三分

一、笠スカシ鍔　金弐分
右中条金之助・大草袋次郎同道ニ而相求、
帰りかけ中条旅宿へ立寄、（栖カ）柄原より鰻魚
馳走ニ相成

そしてこの直後、閏四月二十九日に田安家達《たやすいえさと》を徳川宗家の家名相続人にすることが新政府から許された。慶喜や泥舟・鉄舟にとってこれは大きな朗報だったに違いない。それが泥舟の記録から追えないのが残念である。

ただ、まだどこを所領とするかは正式に決まっていなかった。駿河府中、静岡に決まったのは、五月十五日に上野戦争で彰義隊が壊滅してから九日後の五月二十四日であった。泥舟・鉄舟をはじめとする旧幕臣たちは、そこまでは気が気ではなかっただろう。榎本武揚《えのもとたけあき》らは、それを聞いてから、さらに八月十五日に家達が静岡に入ったことを確認して、同十九日に品川沖を北へ向けて脱走したのであった。

「江戸無血開城」後史

上野戦争秘話

彰義隊の悲劇

彰義隊は慶応四年（一八六八）二月に浅草本願寺で、幕臣渋沢喜作《しぶさわきさく》や天野八郎《あまのはちろう》によって組織された。江戸市中を警備し、上野寛永寺大慈院に謹慎中の慶喜を護衛するのが目的とされた。途中渋沢は脱退し天野が頭取《とうどり》となって、諸藩の脱走兵なども結集した。慶喜が水戸に赴いた後は、輪王寺宮公現法親王《りんのうじのみやこうげんほっしんのう》を擁立して寛永寺に本拠を置き、上野山の徳川家の宝物・什器《じゅうき》を守衛することになった。

海舟や大久保忠寛、鉄舟や泥舟は解散を望んだが、寛永寺塔頭覚王院義観《たっちゅうかくおういんぎかん》の主戦論が主流となり、関東各地の反新政府勢力と連携して、新政府との対決姿勢を強めたのである。

鉄舟は、ほどなくして水戸から江戸に戻り彰義隊や覚王院を説得したが、鉄舟をしても解散させることはできなかった。鉄舟の説得に応じなかった覚王院もなかなかの人物だと思われる。

新政府の大総督府は五月十三日、諸藩に「上野山内へ屯集《とんしゅう》」の「徳川亡遺之悪徒共」による「叛逆《はんぎゃく》」が明らかになったので、やむをえず「誅鋤《ちゅうじょ》」（殺して絶滅させること）をおこなうので、「諸門」の取り締まりを厳重にして、出兵の沙汰《さた》を待てと命じた。翌日、徳川家達に祖廟《そびょう》（東照宮）の位牌や什器を今日中に片づけるように命じ、諸藩兵隊の外出を禁じた。また、上野の脱走兵は「国家之乱賊」であるので「見付次第」「打取」る、彼らを助けたり、隠したりしたら同罪だ、と市中に触れた。また、津止《つど》め・宿止《しゅくど》め（港湾、主要幹線道路の封鎖）を命じ、老人・子ども・病身の者は今日中に上野周辺より立ち退くように命じた。その上、忍《おし》・古河《こが》・川越にも官軍を派遣して警戒させた。これは逃亡した彰義隊を捉えようというのだから用意周到である。

家達は、徳川家の位牌や什器を運び出せなかったとして戦争開始の猶予を願ったが、翌日朝、寛永寺黒門付近で彰義隊と薩摩藩兵との戦争が始まり、本郷団子坂《ほんごうだんござか》から長州藩兵などが殺到した。さらに本郷台の佐賀藩アームストロング砲が寛永寺を狙い撃ちした。午後には決着がつき、長州藩士大村益次郎率いる官軍の圧倒的勝利であった。輪王寺宮は、江

図20　上野戦争　「東叡山文殊楼焼討之図」　東京都江戸東京博物館所蔵／Image 東京都歴史文化財団イメージアーカイブ

戸湾の榎本武揚艦隊に収容され、東北仙台を目指すこととなった。

新政府は、江戸を制圧することで、北関東や東北での戦争遂行が容易になり、統一国家形成に重要な首都を確保することができたのである。七月に江戸は東京と改められた。

ところで、東照宮はどうなったのか。『別段中外新聞』五月十六日版（日本最古の号外）では、上野戦争の惨状を記したうえで最後の方に「東照宮御霊廟、尤先々火災免れ玉ふ」とたった一行であるが、記されている。まさに奇跡で、さすが霊験あらたかといいたげである。『中外新

聞』が旧幕臣柳河春三《やながわしゅんさん》が刊行したことから佐幕的と言われるが、こうした記事からもよくわかる。

紅葉山東照宮の御神体神像を回収

『中外新聞』には、上野の東照宮は焼失しなかったとあった。したがって、その御神体も無事だったのだろう。

しかし、江戸城内の紅葉山の東照宮の御神体神像は上野山に遷座《せんざ》していた。彰義隊士らが「江戸無血開城」以前に紅葉山から持ち出し、上野寛永寺にあったのだ。徳川将軍の側近くにあった紅葉山の東照宮の御神体がどうなったのか。この件は実は、あまりよく知られていない。

紅葉山東照宮御神体回収に関して、鉄舟とともに関与した泥舟と鉄舟の弟子小林二郎（良寛の詩歌集を世に出した人物でもある）が、明治二十四年（一八九一）になって、泥舟の問い合わせに答えた手紙が残っていた。河越關古氏所蔵資料である。手紙全文は、喜多村園子著『良寛を今に伝えた　小林二郎伝　一幕臣の足跡』(小学館)に紹介されている。本章で利用する釈文《しやくもん》(古文書を現代の文字に置き換えた文章)も喜多村本も高橋泥舟史料研究会による解読の成果である。小林書簡も実に難解で長文だった。

では、小林の泥舟宛て書簡をもとに御神体回収秘話を語ろう。

書簡では、まず、時候の挨拶があり、続いて家族の様子を伝える。そして、泥舟が心臓病で寝込んでいることを心配している。泥舟が寝込んだのは、明治二十四年と三十六年であるが、喜多村氏の考証によって明治二十四年と判明した。お見舞いとして長岡の銘菓「越の雪」一箱を小包で送ったので食べてほしいという。そして、いよいよ、泥舟お尋ねの上野戦争時の東照宮御廟探索の話が始まる。

慶応四年(一八六八)五月十五日、精鋭隊頭取、すなわち泥舟の部下であり、小林の上司であり、そして町奉行支配組頭・市中取締役頭の関口隆吉《せきぐちりゆうきち》が登城したまま帰らなかった。組の者たちはおおいに心配したという。そのうち上野で戦争が始まり関口も鉄舟も帰らず、小林によれば「愛児が目の前で殺されると同じくらい、地に足がつかないくらいに心配した」という。

十時ごろ牛込見付《うしごめみつけ》で関口と会った人がいて、「精鋭隊は堅く慎むこと」を伝言してきた。

夕方五時頃、鉄舟から関口潜三郎《せきぐちせんざぶろう》と小林に急ぎ来るように命じられ、一目散に参上した。小林らが、どこかにいた鉄舟のもとに行ったわけだが、鉄舟の居場所は手紙からはわからない。

鉄舟がいうには、「酒井寺社奉行（旗本、酒井忠恕、寺社奉行並）からの情報だが、江戸城紅葉山の御廟を上野彰義隊が守っていたが、急に戦争になったので持ちだせず、寛永寺竹林の中に隠して来たとのこと、精鋭隊の人でなければ取りにいけないので取りに行ってくれないか」とのことであった。さらに、三、四人では持ち運びできないくらいに重く、おそらく五、六人でなければ難しいこと。また場所は寛永寺政所《まんどころ》脇の井戸側の竹林で、場所を示した絵図があるとのことであった。

早々に帰って、関口・小林のほかは籤引《くじび》きとし、小田英之助《おだえいのすけ》、能勢志津摩《のせしづま》、森斧次郎《もりおのじろう》、千種時雄《ちぐさときお》、矢野左金治《やのさきんじ》の七名で行くことになった。

精鋭隊、平常巡邏《じゅんら》の装いではあるが、決死の覚悟で、小石川、本郷枳殻寺《からたちでら》、湯島天神と通過した。そこから上野を見ると一円兵火に包まれ、その勢いは実にものすごかった。池之端《いけのはた》を駆け抜け、三枚橋に来た。ここは戦死人がおびただしかった。

黒門の所で隠れていると、安部《あんべ》摂津守（信発）家来朝倉新《あさくらあらた》に出会った。小林らは身分を明かし、「徳川家にとって大切な品をとりに来たので、山内を案内してほしい」と伝えた。朝倉も不案内だが一緒に探してくれるとのこと、中に入っていくと、不思議にも番所に灯りが見えていた。その番所の中に八十歳くらいの白髪の老人がいたので案内してもらった。おりしも竹林の火の勢いがものすごかったが、その中に飛び込むと、「大つり台之上ニ羽二重ニ包候もの二つり台」があった。これが御神体だ、と一同拝み、号泣した。元禄時代の赤穂四十七士（釈文本文では「七十四義士」となっており小林自身が書き誤っている）の本懐《ほんかい》を遂げたと同じ思いだったという。阿部家家来朝倉も涙を流して拝した。

なお、先ほどの白髪の老人の姿はすでになく、さては本多忠勝か大久保彦左衛門の霊ではないかと思ったという。

ところで、御神体が余りにも重いので、懇意の、近所の酒屋の若い者たちに合力を頼み、富坂の酒井寺社奉行（並）の屋敷に運び込んだ。そして、のちに田安徳川邸内の廟に移したとのことであるとする。これが知られざる紅葉山東照宮御神体神像回収一件である。

なお、本文頭注に「関口は十八九才、小田は二十七八才、森・千種も二十一二、矢野二十四五位、小林は二十四五ニ御坐候」「何も強壮之人計《ばかり》ニ御坐候、決死之人々ニ御坐候」（いずれも健康な、決死の人物ばかりです）とも記している。また、寛永寺のありさまは、

「中堂政所も焼け落ち、この近辺は特別に戦死の人が多くあった。半焼したものは馬なのか、人なのかもわからないありさま、熊笹の中で屠腹《とふく》して伏している人もあった。陣笠を面へあてて、倒れている人もあった。各宿坊にあった玉薬が破烈したとのことで、戦争最中のようであった」とも書いている。そして五月二十二日、今回の働きをした「精鋭隊共」への達として、関口、小林、小田、能勢、森、千種、矢野に、銀七枚ずつが下賜された。「去ル十五日御神像御立退之砌《みぎり》、格別骨折候付」（去る十五日の御神像御立退の節、特別に骨を折ったので）との理由であった。同日、「羽二重壱疋」が阿部家家来朝倉新にも下賜された。

小林はさらに、「早々に御返事を中上べきところ、はなはだ延引してしまいました。思い出すままに認め、草稿のままですが、御判読を願います」と書き、あくまで草稿としている。しかしながら、実に鮮明な記憶であり、上記はほぼ事実であろうと思われる。

そのほか手紙に記された重要なこと

また小林は、「上野に上様（慶喜）が謹慎中の時、警衛していたことは御承知と思いますが、二月中旬ごろだったか、兄片桐省介が面会にきました。頻《しき》りに上京して京都新政府に出仕することを勧めてきましたが、徳川家の社稷と存亡をともに致し、一身を顧みず、尽力する決心でしたので、兄の論には耳を貸さずにいました。それで、やむを得ず、妻子を兄に預け、国元の越後まで送りました。自分が戦死しても、子どもは養育すると言ってくれたので、早々に越後へ送りました次第です。これで、後の憂いもなくなったので、心安く働くことができると思いました。山岡・関口両先生と死生を共にできるとのことで、両国辺の生稲という会席亭にて決別の宴を開いたのです」としている。すなわち兄と決別した経緯なども書き加えている。その際の兄の漢詩として「甘死殉難方此時、百年身世涙双垂、真情自有従容裏、大義於心果不疑」（死を受け入れ、殉死するのは今この時である。百年後のその身とその世を思うと涙が自然と流れるものだ。誠の心はおのずからあるもので、隠しても表にあらわれてしまうものだ。大義は心の奥底に在って疑うべくもない）を書き留めている。

さらに「その後、家宅はそのまま二五円にて売り払い、関口の隠居屋の二階を借りて、そこに引移りました」と江戸の屋敷を引き払い関口隆吉の隠居所にすんでいたこと、「その後、小田・関口潜三郎・小林・山田某は、品川の方へ官軍先鋒の応接に行かされ、また応接所を引き上げ、天徳寺《てんとくじ》へ移ったころ、江戸城引渡しがありました」と、官軍応接をおこない、江戸無血開城時には天徳寺にいたこと、「前夜から脱走の兵が大砲などを打って脱走したので、その混雑は筆紙に尽しがたいものでした。品川口の方は今にも開戦になってしまうかもと思うくらいでした。江戸城引き渡しが済んで、関口隆吉君に随行して、城下を通った時、関口君は漢詩を作ったが、今も覚えています」として開城時にも戦争になりそうだった様子が記されている。

その時の関口の漢詩「清夜駸々馳馬行、馬驚胡笛与鼓声、路頭扣轡仰天泣、空月明有孤城照」（清夜に粛々と馬を駈けさせた。馬は西洋の笛と太鼓に驚いている。道端に轡《くつわ》を控えて天を仰いで泣いた。空には明るい月があって孤城たる江戸城を照らしている）も書きとめている。おそらくこの時のことを書きとめた帳面があり、そこに兄の漢詩や関口のそれが書いてあったのだろう。それをもとに小林は泥舟に書簡を書いたと思われる。江戸城下から見ると、月がさみしげに江戸城を照らしている様子を詠んでいる。「空月明有孤城照」は「江戸開城」に際しての旧幕臣のなんともいえない思いをあらわしている。

そして「六月下旬だったか（実際には五月下旬―岩下註）、徳川家の御領地も定まり、その悦《よろこ》びは際限がなかった」とし、「七月上旬には兄省介からの来状があり、久々に会いに行きました。すると浜町の諏訪邸を拝借していて、多くの使用人も使っていました」。さらに、「国元にいる老親が、北越戦争中なので、とても心配だから、徳川家の御領地も定まったことから、別にもはや徳川家に尽すことはないではないか、国元の老母を迎えに行ってくれないかと頼まれました。そこで、七月十六日に東京を出立し、越後へ行きました。いまだ戦争最中でしたが、長岡まで行きました。長岡藩家老河井継之助《かわいつぎのすけ》が勢いを盛り返しての大戦争、激しい戦でありました。その混雑にまぎれて小舟を見つけ、三条に下り、それから実家に行きました。余計なことまで書きました」としている。書簡では徳川家が静岡に領知を得たことを「その悦びは際限がなかった」（原文では「悦無際候」）と表現している。そして「往事真ニ如一夢御坐候」（昔のことはまさに夢のごとくです）と結んでいる。また、「尚々、鉄道も全通致しましたので、暖かい気候になりましたら、御でかけになられましたらいかがでしょうか」と誘い、「皆様へよろしくお伝えいただけましたらとお願いいたします、又頓首」で手紙を終わる。

こうして、江戸城紅葉山にあった東照宮の御神体は、彰義隊によって上野寛永寺に移動していたが、上野戦争直後、精鋭隊士にして泥舟弟子の小林らによって回収され、田安家に安置された。徳川家ゆかりの武士たちにとって家康を祀る東照宮は特別な存在であったことが理解される。したがって、旧幕臣たちが、東照宮家康が晩年を過ごした駿府に移ることは、その心理的負担をかなり軽くしたとも思われる。

そこで、静岡藩の成立から廃藩、そしてその後の展開までを見ていくこととしよう。

静岡藩の成立と終焉、その後

静岡藩の成立

慶応四年（一八六八）閏四月二十九日に徳川家達《いえさと》が宗家の家名相続人になることを許された。五月二十四日には駿河府中城主七〇万石を給されることが決まった。これは徳川家が諸侯の一員として存続することを許され、再び王城の守護者の最末席の一つに加えられたことを意味する。

駿河府中藩（以後、静岡藩）内にはこれまで沼津藩、田中藩、小島《おじま》藩等があったが、それぞれ上総菊間《かずさきくま》、安房《あわ》、上総へ移封。七月十八日には泥舟は用人小普請掛《ようにんこぶしんがかり》に任命され、江戸飯田町屯所《いいだまちとんしょ》に出勤して、駿河移住用務を担当した。八月二十三日には郷村《ごうそん》引き渡しが完了した。

しかし大きな課題があった。それは三万三〇〇〇戸にもおよぶ大量の旧幕臣をどうするかである。新規召し抱えは五四〇〇人程度を想定していたが、結局、無禄移住者を大量に抱え込まざるを得なくなる状況だった。なお、朝臣（含出願中）になった者三四五四人、御暇を下された者三四三六人、無禄移住者二八八六人で、無禄移住者の家族を含めた合計は、一万一一二二人にも及んだ。

田中城の番士たち

このような困難な状況から移住を果たし、田中城およびその城下周辺に住んだ勤番組《きんばんぐみ》の番士の状況を記録したのが、高橋泥舟直筆「支配勤番組姓名」である（河越關古氏所蔵高橋泥舟関係史料）。そこでここでは、その紹介をおこなう。この史料は、勤番組、すなわち無役（非役）の「静岡城外の番士」の基礎資料ということができる。短冊形で、氏名・生年・幕府時代の知行・家禄・静岡藩時代の等級と扶持《ふち》・幕府時代の役職・宿・家族数等、四〇三名を書き上げている。一〇〇石以下あるいは一〇〇俵以下が半数以上を占めている。すなわち五等級あるうちの真ん中の三等級が半数以上ということになり、つまり、二人扶持以下が半数以上ということである。幕府時代の役職名があるのは二五％で、それ以外の七五％は記載がない。すなわち三分の二が非役の旗本・御家人であったと考えられる。住所を見ると、現在の沼津市から磐田《いわた》市まで散在しており、田中勤番組と言っても実態は田中城およびその城下にすべてが住んでいたわけではないのである。一部は、沼津城や田中城内に居住している例もあるが、全体の半数近くが寺院を住居としており、大量の勤番組を抱え込んだ結果、収容しきれずに寺院がそ

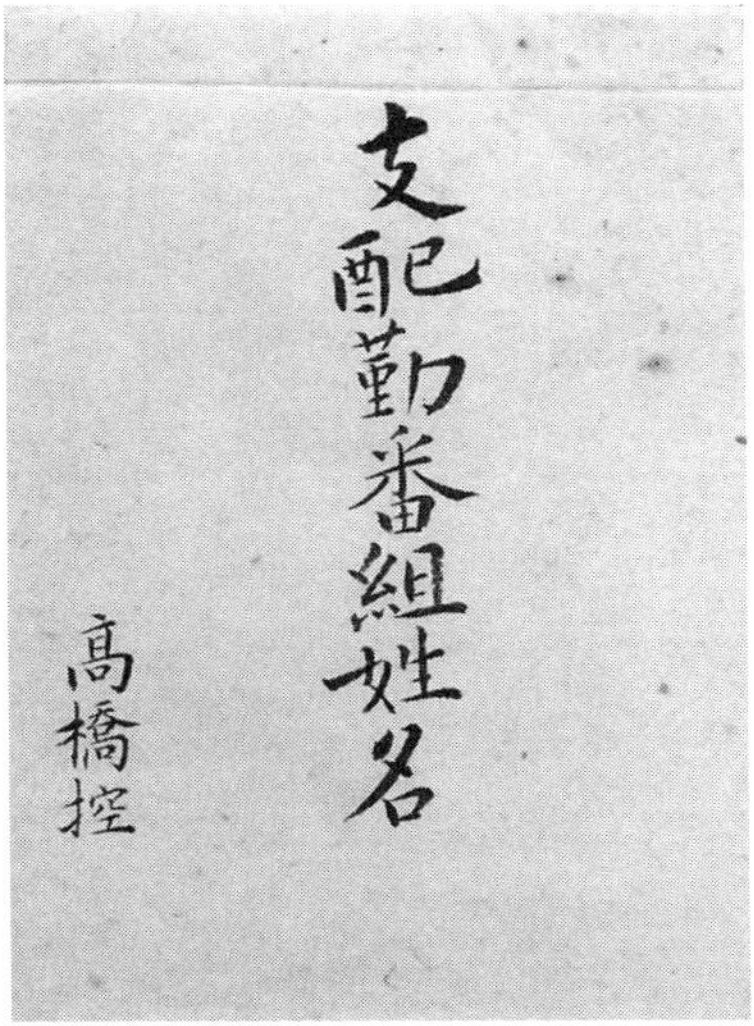

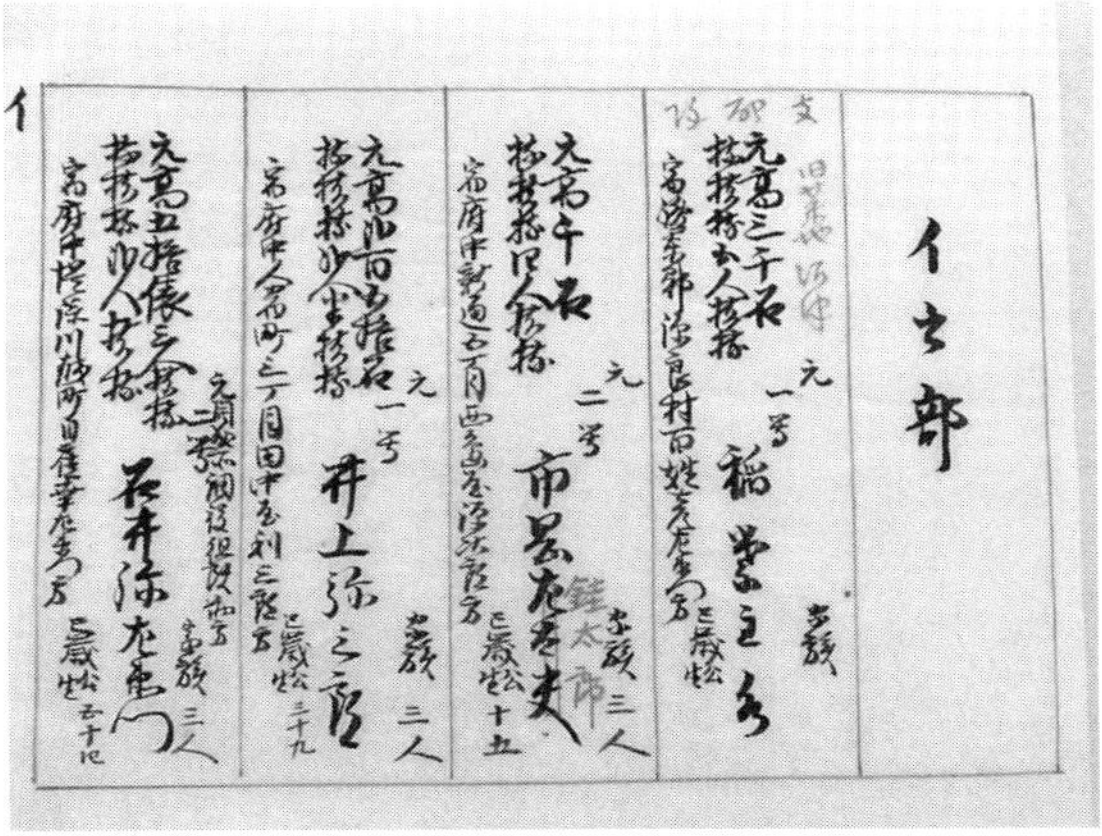

図21　「支配勤番組姓名」　河越關古氏所蔵資料

の住居として利用されたのである。家族は三人あるいは四人が半数以上を占め、その次は二人で一六％である。

また彼らの生活実態を如実に伝えるのが、やはり高橋泥舟関係史料「内職取調姓名」である（前掲河越關古氏所蔵高橋泥舟関係史料）。藤田英昭氏の分析によれば、同史料は勤番組の生活実態調査ともいうべきもので、まずは内職の実態が記されている。すなわち、番士たちは、専門職としては、書画・浮世絵・印鑑・三味線・琴・刀研・医術・鉄砲・大砲・ガラス鏡・白銀・鍛冶《かじ》に従事していた。また、産業として、紙漉《かみすき》・提灯・曲《ま》げ物《もの》・筆・団扇《うちわ》・ざる・傘・たばこ・竹笠・菅笠《すげがさ》・竹細工・藤細工・真綿摘《わたつみ》・子供手遊物・味噌《みそ》濾《こし》・建具・茶仕上・股引《ももひき》・足袋・箸・仕立・苧《からむし》・楊枝・竹刀・菓子折・象牙細工・根付細工・メリヤス・機などがあった。その他として、煙管《きせる》磨き・時計磨き・漉返紙《すきかえしがみ》・剣槍道具取繕などにも従事していた。「静岡城外の番士」たちは、こうした仕事を生業として生きなければならなかった。

ところで、こうした勤番組は王城守護の立場からどう位置づけられるかといえば、もちろん、彼らも王城守護の最末端ということになる。微禄ながら、そのプライドこそが、生きる糧だったのではないだろうか。自分たちも王城守護の一端を担っているのだということだけが、敗軍の将兵たちの生きる希望であった。それは、関東や越後、奥羽、蝦夷地で、薩摩・長州・土佐等と死闘を繰り返し、生き残った者たちの共通の思いであったに違いない。

城の破却

なお、静岡藩内の城に関して言えば、静岡城こと駿河府中城やそのほかの城はどうなったかも興味深い。沼津城は、沼津兵学校が城内に設立され、廃城となってからは、破却が進み、城内だったところに町場が形成され、石垣も無くなり濠も埋められて、現在は跡形もなくなっている。その理由は、沼津城主五万石の水野氏が、上総菊間に転封となり、城主がいなくなって破却が進んだことにある。主を失った城はもはや破却の対象でしかなくなったのである。ほかにも、城郭的構造をもった小島陣屋は、静岡藩の小島役所となり、その後は私塾包蒙舎《ほうもうしゃ》教場や小学校として利用されたが、昭和三年（一九二八）に建物は解体され、土地は民間に払い下げられた。これは小島藩主一万石の松平氏が上総桜井（請西《じょうざい》）に移り、陣屋が支配所となって、さらにそれが無くなってからの利用として学校用地になったという典型的な例である。一方、静岡城は、徳川家当主家達居所があり、藩役所があり、また静岡学問所があった。しかるに廃城後は、破却が進んだが、市民のための公園として残され、一部の櫓などが復元されて今日に至っている。

同心円で縄張りされた田中城は、静岡藩時代は高橋泥舟が田中奉行（田中勤番組之頭）として住み、また勤番士たちの住居ともなったが、廃城後は破却が進み、今日では航空写真でかろうじてその同心円状の形状が確認できるのみである（本丸の平面や三之丸の堀、一部土塁が残る）。これも田中城主四万石本多氏が安房長尾に転封したことによって静岡藩時代は田中勤番組が置かれ、泥舟が支配していたことによる。廃藩置県では、田中城の建築物は、家臣団に払い下げられたり、東京に運ばれたりしたようである。

ほかにも掛川《かけがわ》城は、城主五万石太田氏が上総芝山へ移住し、廃城。横須賀城も城主三万五〇〇〇石井上氏が安房花房《はなぶさ》に転封となり、廃城、破却となった。相良《さがら》城も一万石の藩主田沼氏が上総小久保に去って、廃城（ただし陣屋）・破却となった。浜松城も城主六万石井上氏が上総鶴間に転封して廃城、破却された。

明治という新時代において幕臣の生き方は、藩の役人、家政機関の役人以外の大多数は、沼津兵学校や静岡学問所の生徒となるか、勤番組に所属するかしか選択肢がなかった。そして廃藩置県後の城郭はほとんどが破却されたから勤番組も解体され、役目そのものが消滅した。ただ、静岡藩の特異性として、明治初年に新たに成立したこと、藩内に複数の城郭が存在したこと、それらへ藩士（旧幕臣）らの移住があったことを指摘しておきたい。

かくして「無主」の地となった城郭は、「封建社会の遺物」「徳川時代（前代）の遺物」としてしか扱われなくなったこと、そこには城郭の神聖性や城主の神聖性などはもはや存在しなかったこと、そして王城の守護の支城としての各地の城郭の役割も実際の戊辰戦争を通じてその実効性に疑問がもたれたことから廃城・破却に拍車がかかったこと、結果として陸軍と海軍のさらなる整備が求められたことを指摘しておきたい。

明治の鉄舟・泥舟とその周辺

激動期を記した「公雑筆記」から

ここでは高橋泥舟の「公雑筆記」（明治四年正月〜十二月、河越闢古氏所蔵資料）の内容を紹介する。

この日記が書かれた時期は、廃藩置県で、泥舟の属する静岡藩そのものが廃されるという激動期にあたっており、藩印が盗まれたり元浪士組で佐久間象山《さくましょうざん》の未亡人を娶った村上俊五郎《むらかみしゅんごろう》の騒乱など時代的な事柄が記されている。また泥舟を訪ねてきた人物には、松岡萬や白井音次郎《しらいおとじろう》、今井信郎《いまいのぶお》、石坂周造《いしざかしゅうぞう》などがいたし、泥舟の四男が養子に入った村山家や山岡鉄舟家との関わり、泥舟娘の死などの個人的な問題なども「公雑筆記」から垣間見ることができる。内容は、拙著『病とむきあう江戸時代』でも紹介したが、「江戸無血開城」後の泥舟・鉄舟・海舟や慶喜および西郷などに関係する記事に焦点を絞って記述していくこととしたい。

廃藩置県

新政府は、明治二年（一八六九）正月には封建的割拠状態を解消する政策を推進するために、薩摩・長州・土佐・肥前の四藩主に「版籍奉還」の意見書を提出させていた。ただし、明治四年七月十四日の廃藩置県は、突然の出来事だったから、江戸からやっと静岡に落ち着いた旧幕臣たちにとっては、再び人生の選択をせまられる大きな事件であった。

しかし「公雑筆記」の明治四年七月十四日の条には、廃藩置県に関する直接の記事はなく、七月十八日の条に、「長谷川又市より五門義御用多ニ付、忌中ニ者候へ共、調所限り罷出候様　織田泉之権大参事より書付相渡候ニ付、申来ル」とあって、田中勤番組支配世話役頭取長谷川又一から同勤番組頭並前田五門が忌中でも「御用多」なので「調所限り」出勤せよと織田権大参事から書付が来たとする。この「御用多」は廃藩置県によるものと思われる。すなわち同日の後段で「一、同人より内実於静岡聞合《ききあい》候《そうろう》　知事職御廃之義申来ル」とあり、織田権大参事の内話では、静岡で聞き合わせた知事職廃止の件を言ってきたということがわかる。ついで七月二十一日に「知事様　御免之御書付、藩を廃し県与被成《となされ》候《そうろう》御書付、静岡より相廻ル、織田権大参事より之文通差越、右者知事様　御免職ニ付而《ついて》者《は》、此後所務之義是迄《これまで》之通ニ而手戻り不相成様《あいならざるよう》与之文通ニ候事」とある。ここからすると、藩知事は免職になったが、県と名前を変えた藩の業務はこれまで通りで、差し支えがないように取り扱えとのことであった。したがって泥舟は以降も田中城の役所に出勤し、勤番支配組之頭としての仕事を相変わらずおこなっている。ただし八月二日には、「真野一来ル、此頃建白いたし候、今般三位様（家達─引用者註）知事職御　免被仰付《おおせつけられ》候ニ付、朝廷へ勤番組一同より歎願之義申出候ニ付、委細存寄教諭いたし遣候処、納得いたし罷帰ル」とあって、すなわち、静岡藩士真野一が泥舟の所に来て、徳川家達が知事職を免職になったが、復帰していただきたいと朝廷に対して勤番組一同から嘆願したいとの申し出があった。泥舟が、詳しく事情を話し、意見し、教諭したところ納得して帰ったという。こうした点からも泥舟たち藩上層部の苦労がしのばれる。

そして年も押し詰まった十二月二十四日に「夜ニ入長谷川又市静岡より相越、弥《いよいよ》来ル廿八日新県引渡之書付出候与申出候ニ付、比留へ一封差遣、五門江も明日早メ出局之段申遣」として、いよいよ二十八日が静岡県への書類引き渡しになるので、田中勤番組頭附比留莞尓に手紙を送り、また前田五門へは早めに出勤することを伝達した。翌二十五日は、

「早メ出局」「諸書物取集置」、すなわち早めに出勤し、引き渡しの書物を取り集めて置いた。二十八日には「午時過新県引継相済、旧官員先従前之通与之書面出ル」とあって、引き継ぎが済み、旧官員はこれまで通りとの書面が出たと記している。藩知事以外は、多くが継続勤務になった。官員の全員解雇などは非現実的で、漸進的な改革であったことが理解される。

大事件勃発、静岡藩印の盗難！

泥舟の日記には、市井の民事事件も記録されている。その中でも静岡藩印や添状が盗まれたことは実に由々しきことであった。廃藩直後の七月二十一日条である。

古澤鉚三郎為墓参東京へ出立掛、於吉原宿盗難ニ遭候ニ付、夫々《それぞれ》及探索、同宿・定宿幷宿役人共書付取之、罷帰候段、日高圭三郎申出、然《しか》ル処御藩印・御添状共被盗取《ぬすみとられ》候ニ付、則日前田義静岡へ罷出、右之段御届及ふ《おとどけにおよぶ》

すなわち、静岡藩士（おそらく田中勤番組）古澤鉚三郎が墓参のため東京へ出立した際、吉原宿で盗難に遭ったのでそれぞれ探索したが、見つからなかった。それで同宿の定宿ならびに宿役人たちの書付を取っておいた。そうして帰ったことを田中勤番組支配世話役頭取日高圭三郎が申し出でた。ところが、藩印・添状とも盗み取られてしまったことがわか

り、即日、前田が静岡へ出て、このことを届に及んだという。

いずれにしても泥舟もさまざまな事件に巻き込まれている。はたして盗まれた藩印が戻ってきたのかどうかは不明である。古澤がなぜ藩印を持っていたのか。返却のためなのか、そのあたりの事情も不明である。さらに泥舟関係者の公務やその他を日記から探ってみよう。

静岡藩水利路程掛、松岡萬

公務の記録の中で松岡萬がたびたび登場する。松岡萬は、泥舟の門弟で、当時は静岡藩の水利路程掛を務めていた。その名前の呼び方は、「つもる」(『日本人名大事典』一九三八年)か、「よろず」(『静岡大百科事典』一九七八年、『明治維新人名辞典』一九八一年、『幕末維新人名事典』一九九四年)か、はたまた「ゆずる」(『生祠と崇められた松岡萬』一九九七年)か、「むつみ」(『静岡県歴史人物事典』一九九一年)か、にわかには決め難い。

萬の経歴を記しておと、萬は、天保九年(一八三八)江戸の小石川小日向《こいしかわこひなた》に鷹匠組頭松岡古敦の子として生まれた。鉄舟・泥舟の近所である。松岡氏は紀州出身であった。学問を中村敬宇に学び、武芸は講武所で精進した。講武所でも泥舟や鉄舟と交流したのだろう。勤王派の幕臣で、清河八郎、山岡鉄舟、高橋泥舟と親交があった。とくに泥舟の弟子となり、泥舟とは特に親しかった。静岡藩では、小島添奉行、水利路程掛、製塩方、開墾方など務め、さらに静岡県に出仕した。その後、警視庁に転出、大警部まで務め、明治二十四年（一八九一）年に没した。享年五十四。墓所は、東京市ヶ谷の長泰寺《ちょうたいじ》（曹洞宗）、また谷中の全生庵《ぜんしょうあん》（臨済宗国泰寺派）にもある。

松岡萬に関する研究としては、川本武史『生祠と崇められた松岡萬』（自費出版、一九九七年）がある。なお、史料は、藤枝市岡部町岡部廻沢町内会所有の松岡神社文書が約一五〇件、島田市の池主神社文書が六六七点、確認されている。ともに松岡家から寄進されたものと聞く。ちなみに両神社は、地域の人々が萬の世話になったことを紀念して、萬が生きているうちに神として祀ったものである。

松岡は、「公雑筆記」の二月九日の条から登場する。そこには「午前松岡萬来ル、午時より山岡同道、金谷《かなや》（大井川西岸の宿駅、現、島田市―引用者註）へ罷越《まかりこし》候由ニ而罷帰ル」とあって、午前中に松岡が泥舟の所に来て、午後から鉄舟に同道して金谷に行くので帰ったとある。鉄舟は前日から泥舟の所に泊まっていたのであった。三月一日には「午後松岡萬来ル、堀川筋御普請之砌《みぎり》、勤番組借受候地面入用ニ付云々申出、右者元々示談を以《もって》借受候ニ付、其段申遣し、支配向へ直ニ懸合い候様申聞置」とあって、堀川筋の普請に関して、勤番組が借り受けている地面が必要になったので収公したいと申し出た。これは元々、示談を以て借り受けていたものなので、このことを申し遣し、また支配向へじかに懸け合うように言っておいたと解釈できる。堀川筋が田中城周辺のどこを指すかは定かではないが、松岡は水利路程掛の仕事のために泥舟に協力を求めていたことが理解できよう。六月五日は「白岩銀太郎、松岡萬附属出役被　命候段相達」とあって、藩士白岩銀太郎が水利路程掛松岡萬の附属出役に命じられたことを達したという。

慶喜側近、白井音次郎の動向

白井音次郎は、天保元年（一八三〇）生まれ、武州足立郡深作村出身で、祖父は郷士、父は旗本の家臣であった。白井自身は文久二年（一八六二）の浪士組に参加し、のち神奈川奉行支配定番や外国奉行支配別手組（外国人護衛部隊）となり、慶応四年（一八六八）には新政府との折衝で小田原や駿府に出張した。その後、御小姓頭取支配御小人格奥六尺、御小姓頭取手附出役、中奥書記、明治二年（一八六九）二等家従、二等家丁などを務めた。慶喜の命で駿府の西郷隆盛に派遣された鉄舟を陰で支援した人物とされる。

明治四年のころは、白井は静岡で慶喜付の家従・家丁を務め、「公雑筆記」に登場する。まず二月十六日の条に「白井音次郎義ニ付、五門迠《まで》急キ書状差出」とあって、白井の件に関して泥舟が五門に急いで書状を出したことが記され、四月八日には「白井音次郎より差越、尤《もっとも》紺屋町家僕之者持参いたす」として、慶喜屋敷の家僕が持参して白井から書状が届いたとあり、同月十日も「白井音次郎より書状相届、遠州開墾之義申越候也」とあって遠江の開発の件を指示してきたという。これらは勤番組の窮状を見た慶喜が白井をして勤番組による遠江開墾開発（茶の栽培等）をおこなわせようとしたと思われる。慶喜と泥舟との信頼関係が続いていたことが窺える。そのあと十二月十三日には「白井音次郎より文通来ル、時候見舞也」とあって、時候の挨拶ではあるが、慶喜のことも書いてあったのではないかと思う。

白井はその後、旧幕臣らが創業した相良石油に勤めたので、慶喜の側近として慶喜の思いを体現したと思う。

泥舟四男が養子に入った村山家

泥舟の四男偏通《ゆきみち》（貫一）が養子に入った村山家に関しては「幕末三舟の一人、高橋泥舟研究覚書（4）泥舟四男村山偏通家の文書と村山家の由緒について」で詳しく述べたところである。徳川家康の時代には旗本だったが、曹洞宗寺院で名刹の可睡斎《かすいさい》で切腹した。その子が佐賀鍋島家や福岡黒田家に仕官し大身に出世した。三代目が島原の乱の後、浪人となって、さらにいつの頃から

図22　旧田中藩下屋敷御櫓（旧田中城御亭・旧村山家邸宅、静岡県藤枝市）　筆者撮影

か再び旗本となり栄蔵の時幕末を迎え、静岡藩田中勤番組となって泥舟の支配下にあった。泥舟の槍術の弟子でもあった栄蔵だが、嗣子《しし》なくして、明治三年に死んだので、泥舟四男偏通が入って遺跡を相続した。その関係もあり村山家は、田中城本丸の御亭《おちん》を払い下げられた。その代金は泥舟の「公雑筆記」では十二月二十二日条に「櫓払代者弐百三十両也、其内金八十両納済相成」と書かれているので、二三〇両という大金で泥舟が購入し、そのうち八〇両は支払ったということになる。御亭は現在、藤枝市の田中城下屋敷公園内に移築保存されている。

「村山」は「公雑筆記」に、いくどか登場する。四月二十八日条「邨山自普請建前いたす」とあるのは御亭の自普請かもしれない。八月四日は「夕刻村山へ相越、栄蔵一周忌也」とあって栄蔵の一周忌を執りおこなった。同七日にも「村山之子貫一悦（祝カ）義有之ニ付、相越、肴代金五百疋差遣」とあり、村山貫一徧通に祝儀があり、肴代として五〇〇疋を差し遣わしたとある。泥舟は十月十七日にも村山邸に赴いている。泥舟が明治五年に東京に赴いたのちも村山家の家政に関して意を配っているので、泥舟にとって徧通と村山家はとても大切だったのである。

鉄舟と村上俊五郎騒動

山岡家や鉄舟の記事に関しては、「公雑筆記」にかなり出てくる。最初は一月二十五日の「夕刻静岡より飛馬吉来ル、鉄太郎より□島之画差越」である。夕刻に静岡より鉄舟の使いで小野飛馬吉《おのひめきち》（鉄舟実弟、元精鋭隊士、慶喜を水戸まで警固した）が来た。鉄舟より「□島之画」（なんとか島と言う人の絵画）を飛馬吉に託してよこしたとのことである。二月八日には、「夜ニ入山岡来ル、一泊、前田来ル」とあり、この日の夜、鉄舟本人が来た。前述したように、翌日、鉄舟は松岡萬と金谷に行くことになっていた（「午前松岡萬来ル、午時より山岡同道、金谷へ罷越候由ニ而罷帰ル」）。さらにこの日山岡から「土産」として「白紙百枚」が届いたとある。二月十九日にも山岡が来て、さらに前述したように元京都見廻組今井信郎や藩士信太歌之助《しだうたのすけ》も来て何やら話し合ったらしく、深酒だったのか翌二十日もそのまま泥舟宅にいたので、出勤日にもかかわらず出勤しなかったとする（「出局可致《いたすべき》之処、山岡義罷越居候ニ付、出局不致、歌之助来ル、八ツ半時頃より罷帰ル」)。

四月十二日の条「夕刻山岡鉄太郎、飛馬吉同行ニ而相越、右者村上俊五郎一条ニ付、遠州辺騒立候義ニ付、同所へ相越候由也、一泊」は、鉄舟と飛馬吉が同行して来た。これは村上俊五郎一条の件で、遠州あたりで騒ぎ立てているので、その解決のため同所へ行くということのようである。泥舟の家で一泊したということだろう。

村上は阿波の大工だったが清河八郎や山岡鉄舟、石坂周造と交流し、浪士組に参加した人物で、佐久間象山が京都で暗殺された後に、象山の妻（勝海舟妹）を娶っていた。その村上が遠州で起こした事件がくだんの一件である。山岡が弟飛馬吉を同道して解決に赴こうとしているが、事件の内容は以下の通りである。牧の原（大井川下流西岸地域の台地）開墾のため開墾御用（三人扶持）として佐倉村に移住した村上は、農民を従え開墾するが、一部の農民と意見が食い違い、農民たちが反対運動を起こした。農民の反対運動に腹を立てた村上が、旧幕臣たちを集めて、反対運動の首謀者を懲らしめ、陣を張って気勢をあげたというものだ。四月十三日の「海舟日記」には「浅野、村上乱妨之事内話、切腹或者入牢可然《しかるべき》与云」とあって、妹婿の起こした事件にしてはかなり冷静な書き振りで、悪くすれば切腹、よくても入牢が当然とする。浅野美作守からの情報を書き留める。

この事件には泥舟も大いに心配しており、十八日には「出局いたす、島田へ三郎平差遣し、山岡之様子為承候事」「夜ニ入山岡より書状来ル」とあって、出勤後、遠州島田へ、おそらく泥舟配下の藩士三郎平を派遣し、山岡たちの様子を見させたところ、夜に入って山岡より書状が来たという。おそらくこの時点で事件は山岡の仲裁・斡旋で無事解決したのだろう。そのことを伝えた手紙と思われる。翌十九日には「山岡留守宅へ書状差出、尤《もっとも》昨夜保福島やへ相託し置」と書き留めているから、十八日夜には「保福島や」、おそらく飛脚屋に山岡の留守宅への書状を託している。二十三日には「四ツ時過山岡来ル、安倍川留ニ付、一泊いたし候事」とあって、この日は事件を解決した山岡が泥舟宅にやって来て、安倍川の川止めとのことで、一泊することになった。事件の詳細を語ったであろう。「夕刻より山岡同道大久保へ相越、夜ニ入下條来ル」とあって、泥舟・鉄舟の親戚大久保家に行き、夜には藩士と思われる下條がやってきた。山岡は翌二十四日静岡に帰った(「山岡義五ツ時前静岡へ罷帰ル」)。

村上一件は、鉄舟の働き、斡旋で、また泥舟の見守りで大事にならず、村上は事なきを得た。静岡藩は寄せ集めの大所帯で、にわか仕立てのためにいろいろな問題が起きた。村上一件もそうした事件の一つであった。実に大変な時代であった。泥舟日記からもそうしたことが垣間見られる。海舟も安堵したことであろう。

山岡鉄舟家からの文

五月十五日には「山岡より石坂来ル、村上へ一封相托す」とあって、山岡から依頼されて石坂周造が来た。石坂は牧の原に行くのであろう。泥舟は村上宛ての手紙を石坂に託したとある。戒めの手紙であったのではないだろうか。この問題と関係があると思われるが、二十日には飛馬吉が午後来て、夕方帰っている（「午後飛馬吉来ル、夕刻罷帰」）。さらに六月二十九日には、「午後駒井馬来ル、村上俊五郎より横須賀へ懸合候石坂悴養子一件之内話有之《これあり》」とあるので、先の村上一件とは別に石坂の倅の養子一件が村上から横須賀に問い合わされたのだろう。

五月三日は「藤沢包《かね》太郎静岡へ罷帰り候ニ付、山岡へ同人之義、溝口へ相話し呉《くれ》候様、猶亦《なおまた》相頼遣ス」とあって、藩士藤沢を藩士溝口に紹介する件を山岡に依頼している。

五月十四日は、静岡より田中支配へ相対替した藩士近藤精一郎・同清水熊三郎両人が山岡より伝言があるとのことで面会した。その際、旧田中藩から引き継いだ東光寺《とうこうじ》御林山のことは泥舟の見込みをよく聞いて帰るようにと山岡より言われてきた。そこでこれまでの経緯を話して相談した。なお今回の件は今後、山岡からじかに引合になるように伝言したとする。難しい財政問題も山岡と連携して解決しようとしたことが理解される。三十日にも「静岡へ御用状差出、山岡へ東光寺之義ニ付、一封差出」とあり、十四日の記事と関連するものであろう。

六月十四日の条に「山岡より文通来ル、お桂義先月晦日出産、女子出生之由申来ル」とあって、鉄舟からの文通で、石坂の妻になっている、泥舟と鉄舟妻英の妹、お桂（泥舟が最初清河八郎の妻にしようとした泥舟の妹）が先月晦日に出産したこと、女子であったことを知った。翌日にはその返事を山岡に書いたが、「三木知行所之義ニ付、山岡へ小島春樹へ相頼呉候様書状差遣」として三木知行所の件を藩士小島春樹へ依頼するように鉄舟に書状を出している。なかなか仕事熱心でもある。ただし三木知行所とは何処なのか不明である。

鉄舟との関係では、七月三十日「山岡より文通来り、おこり之薬貰ひ度段申越、直ニ相渡遣ス」とあり、おこりの薬を依頼されすぐに送っている。

八月二十日「午後山岡文通持参」、二十二日「長谷川又市より書状差越、山岡よりも同断、三位様御出発日限之義也」とあって、鉄舟が、藩知事を免官になった徳川家達が東京に出発する件を伝えてきたので、二十四日「四ツ半時御役宅出発、静岡へ罷出、夕七ツ時過山岡へ着」、と、家達に会うために静岡の山岡邸に赴いた。翌二十五日勝海舟邸に廻り、二十七日「朝五ツ半前より山岡同道、三位様御住居へ罷出候処小鹿へ御出、留守ニ而《て》拝謁不致《いたさず》、夫《それ》より県庁へ罷出」とあり、朝から鉄舟と同道して、家達住居へ行ったが、小鹿《おしか》（現在、JR東静岡駅南方の地名）へ御出ましになって、留守だった。結局拝謁できず、それから県庁へ行ったとする。その日はさまざまなものを買い求めてもいる。「大慶直胤之刀拵《こしらえ》付《つき》壱本金弐両」「白紙百枚、巻自子弁詩箋六・状箱六・手本一・糸紙小本一、右ニ而金二両弐分」「唐墨一挺金壱両」などである。またこの日の夜、鉄舟妻、泥舟妹英《ふさ》が男子を出生した（「おふさ義夜四ツ半時出産、男子出生いたす」）。翌二十八日「山岡へ出産祝義与《と》してきんちゃく相贈」として出産祝いに巾着を送っている。巾着の中には何を入れたのだろうか。

泥舟は九月三日田中に帰り、五日には鉄舟に手紙を送っている（「山岡へ文通差出、深宇平太・服部紅蔵へ文通差出、石山道雄より申聞候養子願、延引いたし候段山岡へ申遣置」）。翌六日には「山岡へ大墨一挺相送ル」として鉄舟に大墨を贈っている。十二日にも手紙を郵送している。十八日には、前述の可睡斎の一件で、「出局前儘水来ル、山岡へ之書状三郎平へ相渡、同人義儘水同道為致《いたさせ》山岡へ差遣候積り」とあり、配下の三郎平が可睡斎の儘水と一緒に鉄舟の所に行くとし、翌日行ったことが記されている。

十月の二十六日には山岡邸が火に包まれたようで、「静岡山岡方へ一封差出、出火見舞等也」として出火見舞いを送っている。その後、二十八日「山岡へ御役宅之儀ニ付、文通いたす」、翌十一月一日「山岡より書状差越候処、可睡斎之願筋可成早々静岡へ相廻り候様可相通与之事也」、十一月十四日「夜ニ入又市来ル、時計二ツ修覆相頼、山岡へ内文通同人へ相托す」など頻繁に連絡を取っている。

そして十一月十九日には「午後山岡より文通相届、披見いたし候処、茨木（城）県参事被仰付《おおせつけられ》候付早々東京へ出発之由申来候ニ付、八ツ半時過より山岡へ相越」とあり、鉄舟から手紙が来たが、鉄舟が茨城県参事に任命された。それで早々に東京に出発することになったので急いで山岡に会いに行ったことが書かれている。その三日後の二十二日「山岡義、今朝東京へ出発」「午後より山岡出立、黄昏罷帰ル」とあるので、鉄舟の出発が朝から午後に変更になり、泥舟が田中に帰ったのが黄昏時だった。

十二月一日「山岡より薬差越」、四日「山岡より文通来ル、信吉妻出産、男子出生之由」とあって、鉄舟の義理の兄弟山岡信吉に男子が出生した報せがあった。また、十二日「山岡・大久保共免職相成候段申来ル」とあって、山岡が免官になったことが記されている。さらに十五日「ふさより文通有之、鉄太郎義茨木（城）県御用取扱与申名乗候ニ相成居候由申来ル」とあって、鉄舟妻英からの手紙によれば「茨木（城）県御用取扱」と名乗ることになったとする。なお、全生庵に残っている山岡の辞令では、茨城県参事任命が十一月十三日、参事免官が十二月九日になっている。

その後山岡の記事は、十二月二十五日「長谷川又市今日静岡へ罷帰ル、山岡へ一封、明日出局之旨申遣し置」、二十六日「午時半頃より藤枝出発、静岡へ罷出ル、七ツ時過山岡へ着」と見えている。二十七日から翌年正月にかけては泥舟は静岡で公務を済ませている。静岡での滞在先は鉄舟宅である。

付加価値がつく？三舟の書画

書画に関する興味深い記事がいくつかあるが、ここでは三舟の三幅対に関する記事を紹介する。

三月十七日、「勝・山岡・自分之筆、岩井へ差遣候事」とあって、明治四年の段階で幕末三舟、海舟・鉄舟・泥舟の三幅対がすでに好事家から求められており、泥舟自身が関わっていたことがわかり、書画骨董史上、興味深い。「幕末三舟」などともてはやされるのは、つい最近のことかと思いきや、明治四年に既にその三幅対が世に喧伝されていたという訳である。

四月六日には「三月廿九日松村惣五郎宅ニ而蔵軸一覧いたし候処、左之軸何れも正真之品与見受、珍らしき品也」と三月二十九日のことを記している。たしかに三月二十九日には、「休日、朝五ツ時より浜当目村製塩所へ相越、午後より松村惣五郎立寄弁当いたし、同人蔵軸一覧いたす、夕七ツ半時頃帰宅」とあって浜当目村《はまとうめ》（現、焼津市浜当目）の製塩所に赴き、午後は村松邸に寄っている。それを四月六日に改めて書いたのである。そして見た名物として、明の趙友「山猟之図」、明の仇英「阿房宮妃之図八幅」、莆田の林子龍「枯木之鷹」、呂紀の「野猫二疋之図草花」、明の雪澗「闘門紫気之図（人物也）」、楊樹聲の「山水（壱幅者《は》大住村名主弥兵衛方ニ有之由也）」が書き上げられている。さらに「其外《そのほか》日本人之書画澤山所持也、山陽之書・藤湖之書・隆古之画等有之」とあって頼山陽や藤田東湖の物などがあったことを記している。このように鑑定を依頼されることもあったのである。これが、明治期の泥舟の収入源になっていたと思われる。「公雑筆記」からの紹介はひとまずここまでとする。

泥舟の晩年と海舟の死

さて、明治四年の廃藩置県後、泥舟は、東京に戻ってきた。『高邁なる幕臣　高橋泥舟』研究編の徳江靖子論文ではこの時の引っ越し荷物の分析をおこなっている。それによれば、家財道具ばかりでなく、家屋の建築部材まで運んでいる。はたしてそれをどのように利用したのか、十分にはわからないが、自宅を建てる際の部材にしたのではないだろうか。当時の士族の生活の一端を垣間見ることができる。

廃藩置県で静岡藩がなくなった後、泥舟は一切の官職・役職に就かなかった。泥舟としては慶喜とともにこの世を遁《のが》れたのだから、慶喜が隠居・謹慎しているのに、恭順を強く勧めた自分が世に出るわけには決していかないという心情であったようだ。このことは、慶喜と泥舟の暗黙の約束だったようにも思われる。それやこれやで、これまでの号、忍斎を改めて泥舟としたらしい。ようするに「狸にはあらぬ我身もつちの船　こぎいださぬがかちかちのやま」と自ら詠い、「狸ではない我が身も実は土の船だ。漕ぎ出さないこと、世に出ないことが勝ちなのだ」と戒めて泥舟としたのであるという。「泥舟」とは、土や泥でできた船だから、決して漕ぎ出さない、つまり世には出ないのだという泥舟の、自らへの戒めなのであった。またそれは他人から出仕を勧められた際に断る理由づけにもなったと思われる。それでも明治六年ごろには茨城県令や福岡県令の話があったようだが、断っている。

明治十年には西郷隆盛が西南戦争に敗れ、城山で死去した。その報をどのような思いで、鉄舟は聞いたのだろうか。鉄舟は明治七年に鹿児島に赴き西郷と面会した。明治天皇の密

図23　泥舟画賛　河越關古氏所蔵資料

命を帯びて西郷の説得に行ったのだとされる。しかし、本当のところは不明である。

また、泥舟はどうだったか。いまは知る由もない。そして、明治十四年の勲功調査においても泥舟は勲功書も出さず、宮内省に出頭もしなかった。こうした点では、泥舟は始終一貫、徹底しているのである。

明治二十一年七月十九日には鉄舟が亡くなった。五十三歳だった。二十一日鉄舟の亡骸は四谷仲町の自宅を出発し、皇居前を通って谷中全生庵に到着した。皇居では明治天皇が高殿から見送ったという。全生庵での会葬者は五〇〇〇人と言われている。明治二十七年、鉄舟の七回忌は、泥舟が主催して飛騨高山でおこなった。鉄舟の父母の法要も兼ねておこなったのである。生前、鉄舟は高山の宗猷寺《そうゆうじ》に葬ら

図24　山岡鉄舟墓（全生庵）
筆者撮影

れている父母の法要をしたかったが、公務が忙しくできなかったため、この時、泥舟がおこなったのである。関係者五〇人ほどが集まった。また、鉄舟は静岡の久能寺《くのうじ》再興を明治十六年にしたが、その後を泥舟に託していた。泥舟は鉄舟亡きあと久能寺を鉄舟寺とし、支援していた。鉄舟寺は臨済宗妙心寺《みょうしんじ》派の寺院として現在に至っている。

なお、明治三十年に上京して東京に住むことになった慶喜とは、明治三十五年に東京の慶喜邸にて拝謁し、ゆるゆると話をしたことが泥舟の日記に書かれている。しかし、何を話したのかまでは、わからない。

その間、明治三十二年一月十九日、海舟が死んだ。享年七十七。十九日には慶喜と家達が、海舟の見舞いに訪問している。翌日には天皇から見舞いの菓子が届けられた。葬儀は二十五日であった。勅使が派遣された。会葬者は二〇〇〇人とされる。泥舟は二十三日午後に長男道太郎を名代として勝家に遣わし、お悔やみをした。

さて、泥舟の東京での住まいは山吹《やまぶき》町や牛込《うしごめ》矢来《やらい》町などであった。まさに隠棲というにふさわしい暮らしぶりだったという。しかし、著名な落語家三遊亭円朝とは交流があったし、泥舟のところにはそれなりの来客があったことが泥舟の日記や書簡には書かれている。能書家泥舟には政治家から文書の浄書依頼などが舞込んだようである。また長谷川蘆舟《ろしゅう》など書道の弟子もいた。さらに主治医千葉立造など親しい人はいたし、さまざまな付き合いもあった。その中の一人に後で『泥舟遺稿』を編集・刊行した安倍正人もいたのである。

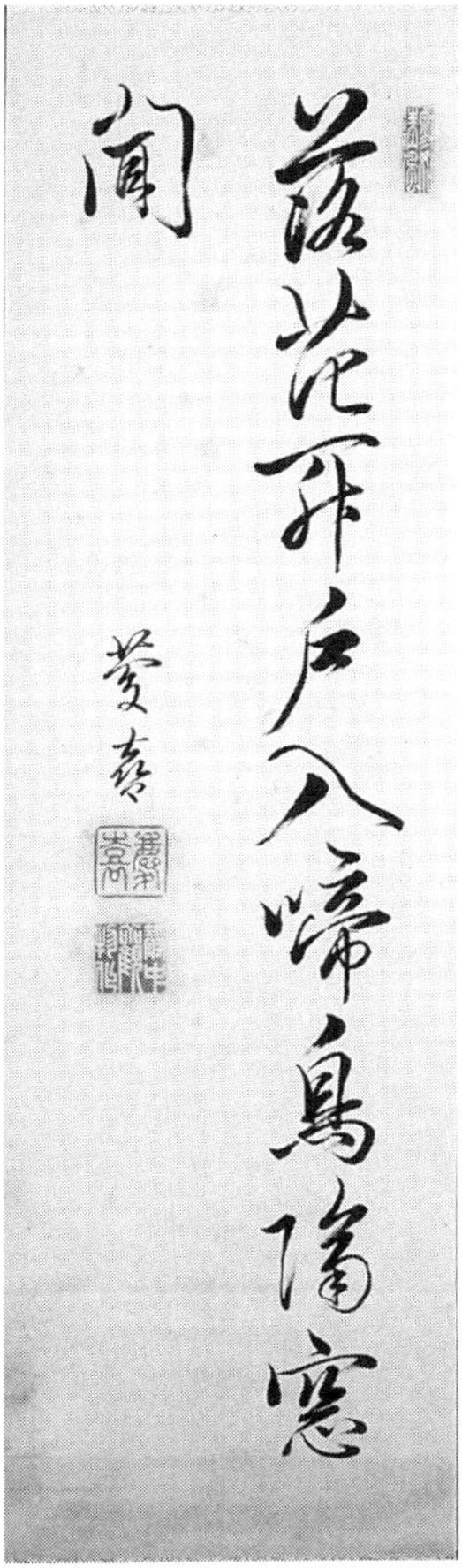

図25　徳川慶喜書跡「落花開戸入啼鳥隔窓聞」（明治時代）　東京都江戸東京博物館所蔵／Image　東京都歴史文化財団イメージアーカイブ

また、明治三十五年十二月七日の慶喜の公爵叙爵祝賀会には出席した。そこでは泥舟の作歌が陸軍戸山学校軍楽隊によって音楽にのせて演奏された。慶喜はことのほか喜び二度も演奏させたという。また、種々慶喜から下命があったらしいが内容は不明である。さらにこの時は久しぶりに大鳥圭介《おおとりけいすけ》らに面会し愉快な時間を過ごした。この時の泥舟の作歌は、「寄山祝」「寄松祝」「菊」であった。最初の「寄山祝」は慶喜の父斉昭の領国常陸の筑波山を詠んだ歌、筑波山を仰ぎ見るのは、わが君の御影を仰ぎ見るのと同じであると歌う。「寄松祝」は拙著『高邁なる幕臣　高橋泥舟』から現代語訳を引用すると以下の通りである。

慶喜叙爵祝賀会の一コマ

神様がいらっしゃる岩根の松の木が、霜にも耐えて枝振りもよくなり年ごとに繁茂し緑の色も深めている。花咲の枝をおり、梢を眺めていると、のどかに友と連れ立って千年もたつであろうか、鶴が群れて餌をついばんでいる。影が映っている淵を見ると、ゆるやかに友を打ち連れて、万年の亀が遊んでいるようだ。鶴亀の年齢を重ねても慶喜様、あなた様は幸せになっていただきたい。それで旧幕臣の我々が集って、この秋の日にお祝いを申し上げるのです。

歌の中の松の木は、松平、すなわち徳川を意味していよう。徳川家臣団が栄えていることをも喜び合う歌であった。だからこそ、慶喜叙爵祝賀で歌われたものである。最後は「菊」である。この歌の菊は朝廷を意味していよう。つまり、水戸家・幕臣・朝廷、つまり過去に国家をになってきたものへの哀惜とこれからさらに国家をになっていくものへのいやさかをことほいだ歌なのである。まさに維新後三〇年かかってここまで来たという感慨がこの歌には込められているし、祝賀会でもそのことは参加者に共有されたことであろう。ここにきて泥舟には思い残すことがなかったのではないだろうか。

それがいよいよ現実のものとなるのである。

図26　高橋泥舟墓（大雄寺）
筆者撮影

泥舟が、その生涯を終えたのは、慶喜叙爵の翌年、明治三十六年二月十三日午後六時のことであった。死因は、病死、享年六十九であった。医師でもあった河越關古氏によれば、死因は肺結核と腸結核であったという。旧主慶喜の完全な名誉回復を目にして憂いもなく逝ったと思う。墓地は谷中大雄寺にある。戒名は執中庵殿精一貫道大居士。「精一貫道」、まさにその生涯にふさわしい戒名である。

二月十六日には、葬儀がおこなわれた。安倍正人が弔辞を読んでいるので、現代語訳しておく。

泥舟先生の死に遭遇して、その遺徳を偲ぶと、先生は忠愛の志を育み、旧主を補佐して恭順の実を申上げ、正実・温厚・謹直・清爽《せいそう》の心で雄談・活論することはあたかも釈迦の弟子維摩《ゆいま》のようだった。槍術は精妙にして多くの道理を編み出して悟りを開くまで至った。筆をとれば雲がたなびき、龍が飛ぶ如し、禅を学んでは、その鋭い攻撃は他に抜きん出ている。かつて先生自ら、槍も書も、禅法の妙所もみなその心はひとつであると言っていた。ああ、一高士、今不幸にして病魔に命を奪われ、微笑をたたえて黄泉の国に旅立たれた。その死を聞くもの、皆残念に思うことだろう。先生の胸中を知る者はだれか。不肖安倍正人、偈を作って先生の霊をお慰めしようと思う。

慶喜を支えた鉄舟と泥舟——エピローグ

鉄舟と泥舟の偉業

一〇〇年たつと泥舟の偉霊が現れると、先述の安倍正人は言った。泥舟の死から、今年は一一五年、「江戸無血開城」から一五〇年、本書を通じてそれがなされるとしたら、それほどうれしいことはないが、どうだろうか。泥舟のすごいところは、廃藩置県後、泥舟は、まさに自分は「泥舟」だからとして死ぬまで世にはでなかったことだろう。もちろん、慶喜の叙爵には心から喜んだ。幕府の来し方、朝廷の在り方、維新回天の思想、ともかく、慶喜の復権によってすべてのものを受け入れることができた瞬間だった。だからその翌年、泥舟は心静かに世を去ったのだ。

泥舟は、今、谷中大雄寺で、鉄舟は同じく谷中の全生庵で、一〇〇年後の人々がどんな思いで訪れてくれるのか、待っているのかもしれない。

文久期の攘夷運動の高揚の中で浪士にかかわり、そのために失脚した泥舟・鉄舟もついにはいわゆる「大政奉還」「政権奉帰」「政権返上」に大きく寄与することによって維新の実を上げ、それを心の糧として、泥舟は明治を隠士として過ごし、鉄舟は明治天皇の師匠（侍講）として維新の精神を伝えながら死んでいったのである。

明治天皇は、昭和になって作られた聖徳記念絵画館の「江戸開城談判」は見ていない。もしも明治天皇に質問することができたなら、「江戸開城談判」をどう思われるか、聞いてみたい。もっとも、鉄舟がその真実を天皇に語ったとは思えない。鉄舟とはそういう男であり、泥舟はそういう男を最も信頼して、大総督府の西郷のもとに派遣したのである。もちろん慶喜の名代として。そして慶喜の命を救ったのが鉄舟である。だから、慶喜は鉄舟を「一番鎗」と称賛したのである。

慶喜の最期

その慶喜が一番長生きした。大正二年（一九一三）、七十七歳まで生きながらえた。いや生きようとした。明治天皇よりも長く、そして海舟と同じ年齢まで生きた。慶喜の子供は、十男十一女、二一人の子宝に恵まれた。ほとんどが明治四年以降の生まれである。明治三十年まで静岡で隠棲し、上京しても趣味に生きた。明治四十四年に新築なった日本橋の橋標は、辞退する慶喜に設計者妻木頼黄《つまきよりなか》と東京市長尾崎行雄《おざきゆきお》が強引に頼んだものだ。それは、いかにも端正な文字で簡潔明瞭に、「日本橋」とだけ書かれている。誰が書いたのかわからないように落款（署名・捺印）がない。もともと縦書きだったが、今は橋の上を走る高速道路に横書きで大きく「日本橋」と銘板プレートになっている。誰の字かわからないことこそ、慶喜からすでにこの世にはいない泥舟・鉄舟へのメッセージだと思う。もし、落款があったら、泥舟も鉄舟もなんというだろうか。とくに泥舟は。そのように考えて慶喜は落款をしなかったのであろう。それが、互いに明治を生きる主従の約束・矜持だったのである。決して世に出ないという。泥舟はそれを守って逝った。自分もまたそうありたい。人が落款を勧めても、しようとしなかったのは泥舟との堅い約束があったからである。今となってはその約束の詳細は一切わからない。二人だけの永遠の秘密である。

大正二年十一月二十三日の『東京朝日新聞』は、前日肺炎で亡くなったこと、病状の経過など書いた後、「臨終の際は、もはやこの世に思い残しのなきごとくにて一言の御遺言さえも残されなかった」と報じた。もちろん、そうだろう。存分に生き切った生涯である。しかしそれは、鉄舟と泥舟によって護られた命だった。それを墓場に持っていったのだ。

もちろん海舟にも感謝しただろう。末っ子十男精《くわし》が勝家に養子に入っている。しかし、一番鍹は鉄舟、二番手は泥舟、三番目が海舟。そのように思って慶喜は亡くなったと本書を書き終えて思う。

あとがき

知らず知らずのうちに勝海舟にいささか厳しい本になってしまった。もっとも、さらに厳しい本としては、水野靖夫『勝海舟の罠』（毎日ワンズ）がある。本書の内容とも関係する部分がある。あわせて参照されたい。

ところで海舟は、筆者（岩下）が勤務する東洋大学の創立に大いに関わっている。歴代関係者のなかには海舟の恩を忘れてはならないという人もいるくらいだ。学祖井上円了（越後長岡出身）が、大学を創立する相談を、越後にルーツがある海舟にしているのである。明治二十二年（一八八九）のことである。以後、円了は海舟の家に足しげく出入りする。そして、海舟は、円了の哲学を基礎にした「日本主義」の大学設立に賛同し、資金・資財の提供や資金集めの講演会行脚を提案したという。それで、円了先生の全国行脚講演、その数五〇〇〇ヵ所以上が始まり、大学を創立・運営することができたのだという。また、海舟は、揮毫した書をたくさん円了に与え、円了はそれを携えて全国を回り、寄付者などお世話になった方への御礼に贈ったりしたのだともされている。なんともありがたいことである。しかし、それと海舟による「江戸無血開城」の我田引水は別問題である。歴史の真実は、ゆがめられてはならない。

ところで、海舟は、明治二十五年正月、福澤諭吉から「瘦我慢の説」を送致されて、海舟の「江戸無血開城」は、本来徳川家は「瘦我慢」して江戸城を枕に徹底抗戦すべきなのに、それをしなかったのは「瘦我慢」を踏みにじったものであると批判された。もちろん福澤の「江戸無血開城」の認識は、それはそれでいささかおかしいのだが、今は問わない。要するに福澤さえも「江戸無血開城」は海舟の業績だと信じていたのである。天下の福澤先生もまんまと海舟にしてやられたのだといえる。さらに同年二月に福澤から返事を促された時、海舟は「世に出て行うことや、世から退いて隠れること、すなわち出処進退のことは自分だけが知っているので、それで十分なのである。けなしたりほめたりするのは他人が勝手にすることであり、自分には何の関係もないことなので、あなたがどんなことを言おうと関知しない。発表するなら、しなさい」と返した。この頃、ちょうど嫡男の小鹿を四十一歳で亡くして悲しみの中にあった海舟には、福澤の「瘦我慢の説」とそれへのコメント要求は、いささか酷ではあった。福澤が言えば言うほど「江戸無血開城」は海舟一人の手柄となる。「出処進退のことは自分だけが知っているので十分である」といっても、他人の功績を自分のものとすることはいただけない。武士としては、海舟は「痩我慢」して、他人の業績は他人の業績として、鉄舟のこと、泥舟のことをしっかりと語るべきだった。「江戸無血開城」において「出処進退のことは自分だけが知っているので十分である」と胸を張って言えるのは、鉄舟と泥舟だけである。「江戸無血開城」の手柄、一番鎗は、慶喜が認める鉄舟であり、二番手は本書で明らかにしたように泥舟、そして三番目が海舟である。それが、「江戸無血開城」の真実なのであった。

さてその上で、ぜひとも聖徳記念絵画館の「江戸開城談判」をよく見ていただきたい。西郷と海舟を見る、いや見据える、剣豪鉄舟山岡鉄太郎の爛々とした眼差しを西郷と海舟から感じないわけにはいかない。両者とも、いささかの曇りもない鉄舟の眼のもとにあったのだ。誠実に運ばないわけにはいかなかった。だから、両者の間にはいささか緊張した空気が感じられる。鉄舟の気配が「江戸開城談判」から感じられるのだ（もちろん鉄舟の背後には、もちろん実際にそこにはいなかったが、泥舟が槍をかまえていたのではないだろうか）。

西郷は言う。「命もいらず、名もいらず、官位も金もいらぬ人は、仕末に困るもの也。此の仕末に困る人ならでは、艱難をともにして国家の大業は成し得られぬなり」（『西郷南洲遺訓』）。海舟が言うには「命もいらず、名もいらず、官位も金もいらぬ人」とは鉄舟のことである（『鉄舟随感録』）。

また海舟は「山岡は明鏡のごとく一点の私も持たなかったよ。だから物事にあたって即決しても少しも誤らない。しかも無口であったが、よく人をして自ら反省せしめたよ」（『おれの師匠』）とも言っている。鉄舟とはそういう男だった。海舟も認めている人格者が鉄舟だ。

泥舟については、「なに泥舟の人物はどーかと云ふのか、あれは大馬鹿だよ。当今の才子では、あんな馬鹿な真似をするものかい」（『泥舟』）として、命も顧みず一途に槍のけいこをしたことを馬鹿なことと評している。「だからあれは槍一本で伊勢守まで成り上ったのだ、併し彼は一箇の武人とするに於て、間然する所はないよ」（『泥舟』）として武人として非難や批判すべき欠点や他から口をはさむことはないと言っている。同じ武人として内心相当屈折した思いを泥舟に抱いていたことが窺われる。

いみじくも、「命もいらず、名もいらず、官位も金もいらぬ人」である鉄舟や「大馬鹿」な泥舟にはとてもかなわないと海舟自ら吐露している。「江戸無血開城」とは、まさにそういうことだったのだ。海舟自身もよくわかっていたのである。

本書を為すにあたっては、イアン・アーシー、海野一徳、大場勇人、大場雅子、小美濃清明、喜多村園子、毛塚万里、清水明、徳江靖子、服部英昭、平井正修、福田千晶、福田千鶴、藤田英昭、丸山登、水野靖夫、村山晴彦、本林義範、矢澤昌敏、山本紀久雄、若杉昌敬、綿間瀬武生、和田勤の各氏にご協力いただいた。最後になるが、貴重な史料を見せていただいた故河越關古氏のご遺族に感謝申し上げる。

二〇一八年三月

岩下哲典

主な参考文献

未刊史料

河越關古氏所蔵　高橋泥舟関係史料
国立国会図書館憲政資料室「岩倉具視文書」
史跡足利学校所蔵　高橋泥舟関係史料
藤枝市岡部町廻沢地区町内会所蔵「松岡神社文書」
藤枝市郷土博物館　高橋泥舟関係文書
臨済宗国泰寺派全生庵所蔵　山岡鉄舟関係史料

史料集等

維新史料編纂事務局編・刊『概観維新史』一九四〇年
岩下哲典・高橋泥舟史料研究会編・刊『高橋泥舟関係史料』一輯（日記類一）二〇一五年
同『同』二輯（日記類二）二〇一五年
大久保利謙校訂『昔夢会筆記』平凡社　一九六六年
小川恭一編著『江戸幕藩大名家事典』上・中・下巻　原書房　一九九二年
同『寛政譜以降旗本家百科事典』一〜五巻　東洋書林　一九九七〜九八年

金子光晴『増訂武江年表』一～二　平凡社　一九六八年
黒板勝美編『続徳川実紀』二～五篇　吉川弘文館　一九三四～三六年
桑原真人・田中彰編著『平野弥十郎幕末・維新日記』北海道大学図書刊行会　二〇〇〇年
小西四郎監修『江戸幕臣人名事典』一～四巻　新人物往来社　一九九八～九〇年
柴田宵曲編『幕末の武家』青蛙書房　一九六五年
神宮司庁蔵版『古事類苑』官位部三　吉川弘文館　一九八二年
人文社第一編集部『嘉永・慶応江戸切絵図で見る　幕末人物・事件散歩』人文社　一九九五年
鈴木棠三・岡田哲校訂『江戸時代落書類聚』中巻　東京堂出版　一九八四年
鈴木棠三・小池章太郎編『近世庶民生活資料藤岡屋日記』一～一五巻　三一書房　一九八七～九五年
高村光雲『幕末維新懐古談』岩波書店　一九九五年
太政官編『復古記』一冊　マツノ書店　二〇〇七年
高柳光寿・岡山泰四・斎木一馬編集顧問『新訂寛政重修諸家譜』二一巻　続群書類従完成会　一九六六年
東京日日新聞社会部編『戊辰物語』岩波書店　一九八三年
戸川安宅編『旧幕府』四　マツノ書店　二〇〇三年

著書・論文等

安倍正人編『鉄舟随感録』国書刊行会、二〇〇一年

安藤優一郎『幕臣たちの明治維新』講談社　二〇〇八年
家近良樹『孝明天皇と「一会桑」』文芸春秋　二〇〇二年
同『徳川慶喜』吉川弘文館　二〇〇四年
同『幕末の朝廷』中央公論社　二〇〇七年
同『徳川慶喜』（人物叢書）吉川弘文館　二〇一四年
同『西郷隆盛』ミネルヴァ書房　二〇一七年
石井孝『勝海舟』吉川弘文館　一九七四年
一坂太郎「龍馬の『八策』の前文に関する一考察」『萩博物館調査研究報告』八号　二〇一三年
井上勲『王政復古』中央公論社　一九九一年
岩下哲典編著『徳川慶喜　その人と時代』岩田書院　一九九九年
同『江戸の海外情報ネットワーク』吉川弘文館　二〇〇六年
同・小美濃清明編『龍馬の世界認識』藤原書店　二〇一〇年
岩下哲典『江戸将軍が見た地球』メディアファクトリー　二〇一一年
同・藤田英昭・徳江靖子「幕末三舟の一人、高橋泥舟研究覚書（1）—研究史・旧幕臣の静岡移住・東京引越荷物—」『Journal of Hospitality and Tourism』Vol.7, No.1　二〇一一年
岩下哲典編著『高邁なる幕臣　高橋泥舟』教育評論社　二〇一二年
岩下哲典・藤田英昭・徳江靖子・大場勇人・大場雅子「幕末三舟の一人、高橋泥舟研究覚書（2）—明治二七年秋、飛騨高山への旅と日清戦争—」『Journal of Hospitality and Tourism』Vol.8, No.1　二

○一二年

同「幕末三舟の一人、高橋泥舟研究覚書（3）―明治初期静岡藩田中勤番組（旧幕臣）の名簿「支配勤番組姓名」とその内職に関する史料について―」『Journal of Hospitality and Tourism』Vol.9, No.1　二〇一三年

岩下哲典著『解説　大槻磐渓「金海奇観」と一九世紀の日本―「金海奇観」とその世界―』雄松堂書店　二〇一四年

同・藤田英昭・徳江靖子・大場勇人・大場雅子「幕末三舟の一人、高橋泥舟研究覚書（4）―泥舟四男村山徧通家の文書と村山家の由緒について―」『Journal of Hospitality and Tourism』Vol.10, No.1　二〇一四年

岩下哲典「会津戊辰戦争の戦後処理問題をめぐる一考察」笠谷和比古編『徳川社会と日本の近代化』思文閣出版　二〇一五年

同・藤田英昭・徳江靖子・大場勇人・大場雅子「幕末三舟の一人、高橋泥舟研究覚書（5）―高橋泥舟の「公雑筆記」（明治四年正月～十二月）の記事について―」『Journal of Hospitality and Tourism』Vol.11, No.1　二〇一五年

岩下哲典「幕末維新史と城郭・城下町・武士―「王城」と「王城守護」を分析の用語として―」岩下哲典・「城下町と日本人の心」研究会編『城下町と日本人の心性』岩田書院　二〇一六年

同監修『幕末維新の古文書』柏書房　二〇一七年

同「幕末日本における秩序創出の困難さ―坂本龍馬・赤松小三郎の新国家・新秩序構想と暗殺（秩序創

出とテロリズム）をめぐって」岩下ほか『東アジアの秩序を考える　歴史・経済・言語』春風社、二〇一七年
同「史料紹介　村山家文書の高橋泥舟関係書簡について（上）」『東洋大学文学部紀要』第七一集（史学科篇第四三号）、二〇一七年
牛山栄治『定本　山岡鉄舟』新人物往来社　一九七六年
エドゥアルド・スエンソン著・長島要一訳『江戸幕末滞在記』講談社　二〇〇三年
大橋俊雄『祥道琳瑞和上』浄土宗史研究会　一九六一年
小川恭一『お旗本の家計事情と暮らしの知恵』つくばね舎　一九九九年
小倉鉄樹『おれの師匠　山岡鉄舟先生正伝』新版、島津書房、二〇〇一年
小美濃清明『龍馬の遺言』藤原書店　二〇一五年
片桐一男『勝海舟の蘭学と海軍伝習』勉誠出版　二〇一六年
河越關古『泥舟』邑心文庫　二〇〇二年
喜多村園子『良寛を今に伝えた　小林二郎伝　一幕臣の足跡』小学館　二〇一八年
北村豊洋『山岡鉄舟と飛騨』山岡鉄舟研究会　二〇一六年
久住真也『幕末の将軍』講談社　二〇〇九年
齋藤洋一「『徳川昭武の屋敷　慶喜の住まい』展覧会覚書」『徳川昭武の屋敷　慶喜の住まい』松戸市戸定歴史館　二〇一一年
笹間良彦『江戸幕府役職集成』雄山閣出版　一九六五年

佐々木克『戊辰戦争』中央公論社　一九七七年
同『幕末史』ちくま書房　二〇一四年
佐藤誠朗『近江商人　幕末維新見聞録』三省堂　一九九一年
渋沢栄一『徳川慶喜公伝』一～四　平凡社　一九六七～六八年
下関市教育委員会編・刊『勝山御殿跡』（下関市文化財報告書二九）二〇一三年
新見吉治『旗本』吉川弘文館　一九六七年
須田努『三遊亭円朝と江戸落語』吉川弘文館　二〇一五年
関良基『赤松小三郎ともう一つの明治維新』作品社、二〇一六年
高橋敏『清水次郎長』岩波書店　二〇一〇年
田村貞雄編『徳川慶喜と幕臣たち』静岡新聞社　一九九八年
長南伸治「清河八郎の顕彰」『明治維新史研究』六　二〇〇九年
辻ミチ子『和宮』ミネルヴァ書房　二〇〇八年
頭山満『幕末三舟伝』島津書房　一九九〇年
中村彰彦『幕末「遊撃隊」隊長　人見勝太郎』洋泉社　二〇一七年
中村武生『池田屋事件の研究』講談社　二〇一一年
原口泉『龍馬の夢を叶えた男岩崎弥太郎』ＫＫベストセラーズ　二〇一〇年
原口清『戊辰戦争論の展開』原口清著作集三　岩田書院　二〇〇八年
樋口雄彦『旧幕臣の明治維新』吉川弘文館　二〇〇五年

同『静岡学問所』静岡新聞社　二〇一〇年
深井雅海『徳川将軍政治権力の研究』吉川弘文館　一九九一年
同『綱吉と吉宗』吉川弘文館　二〇一二年
福地源一郎『幕末政治家』平凡社　一九八九年
藤田覚「武家官位の叙任手続きについて」『日本歴史』五八六号　一九九七年
同『江戸時代の天皇』講談社　二〇一一年
同『近世天皇論』清文堂出版　二〇一一年
保谷徹『戊辰戦争』吉川弘文館　二〇〇七年
町田明広『攘夷の幕末史』講談社　二〇一〇年
松浦玲『新撰組』岩波書店　二〇〇三年
同『勝海舟』筑摩書房　二〇一〇年
同『勝海舟と西郷隆盛』岩波書店　二〇一一年
松尾千歳『西郷隆盛と薩摩』吉川弘文館　二〇一四年
松平太郎『江戸時代制度の研究』新人物往来社　一九九三年
松平智史「鈴木大の情報探索活動—ポサドニック号事件を事例に」『立命館言語文化研究』二三（三）
二〇一二年
豆田誠路編『歴史系企画展　没後一三〇年　山中信天翁と幕末維新』碧南市教育委員会文化財課　二〇
一五年

圓山牧田・平井正修編『最後のサムライ　山岡鐵舟』教育評論社　二〇〇七年
三浦節夫『井上円了』教育評論社　二〇一六年
水野靖夫『英国公文書などで読み解く江戸無血開城の新事実』山岡鉄舟研究会　二〇一六年
同『勝海舟の罠　氷川清話の呪縛、西郷会談の真実』毎日ワンズ、二〇一八年
三井知明編『伝通院略誌』伝通院　一九九一年
宮地佐一郎『龍馬の手紙』講談社　二〇〇三年
宮地正人『歴史のなかの新選組』岩波書店　二〇〇四年
宮地正人『幕末維新変革史』上下　岩波書店　二〇一二年
本林義範「江戸開城百五十年を迎えて」『全生』一一八号　二〇一八年
山田済斎編『西郷南洲遺訓』岩波書店、一九九一年
若杉昌敬『日本の危機を救った山岡鉄舟　空白の二日間「望嶽亭・藤屋」と清水次郎長』(私家版)
二〇一四年

著者紹介
一九六二年、長野県に生まれる
一九九四年、青山学院大学大学院文学研究科博士後期課程単位修得
現在、東洋大学文学部史学科教授、博士（歴史学）

主要著書
『江戸のナポレオン伝説』（中央公論新社、一九九九年）
『予告されていたペリー来航と幕末情報戦争』（洋泉社、二〇〇六年）
『日本のインテリジェンス』（右文書院、二〇一一年）
『病とむきあう江戸時代』（北樹出版、二〇一七年）
『津山藩』（現代書館、二〇一七年）

歴史文化ライブラリー
470

江戸無血開城
本当の功労者は誰か？

二〇一八年（平成三十）七月一日　第一刷発行

著　者　岩《いわ》下《した》哲《てつ》典《のり》
発行者　吉川道郎
発行所　株式会社吉川弘文館
東京都文京区本郷七丁目二番八号
郵便番号一一三―〇〇三三
電話〇三―三八一三―九一五一〈代表〉
振替口座〇〇一〇〇―五―二四四
http://www.yoshikawa-k.co.jp/
印刷＝株式会社 平文社
製本＝ナショナル製本協同組合
装幀＝清水良洋・陳湘婷

ISBN978-4-642-05870-4

歴史文化ライブラリー

1996.10

刊行のことば

現今の日本および国際社会は、さまざまな面で大変動の時代を迎えておりますが、近づきつつある二十一世紀は人類史の到達点として、物質的な繁栄のみならず文化や自然・社会環境を謳歌できる平和な社会でなければなりません。しかしながら高度成長・技術革新にともなう急激な変貌は「自己本位な刹那主義」の風潮を生みだし、先人が築いてきた歴史や文化に学ぶ余裕もなく、いまだ明るい人類の将来が展望できていないようにも見えます。このような状況を踏まえ、よりよい二十一世紀社会を築くために、人類誕生から現在に至る「人類の遺産・教訓」としてのあらゆる分野の歴史と文化を「歴史文化ライブラリー」として刊行することといたしました。

小社は、安政四年（一八五七）の創業以来、一貫して歴史学を中心とした専門出版社として書籍を刊行しつづけてまいりました。その経験を生かし、学問成果にもとづいた本叢書を刊行し社会的要請に応えて行きたいと考えております。

現代は、マスメディアが発達した高度情報化社会といわれますが、私どもはあくまでも活字を主体とした出版こそ、ものの本質を考える基礎と信じ、本叢書をとおして社会に訴えてまいりたいと思います。これから生まれでる一冊一冊が、それぞれの読者を知的冒険の旅へと誘い、希望に満ちた人類の未来を構築する糧となれば幸いです。

吉川弘文館

歴史文化ライブラリー

自由主義は戦争を止められるのか 芦田均・清沢洌・石橋湛山——上田美和
モダン・ライフと戦争 スクリーンのなかの女性たち——宜野座菜央見
彫刻と戦争の近代——平瀬礼太
軍用機の誕生 日本軍の航空戦略と技術開発——水沢 光
首都防空網と〈空都〉多摩——鈴木芳行
帝都防衛 戦争・災害・テロ——土田宏成
陸軍登戸研究所と謀略戦 科学者たちの戦争——渡辺賢二
帝国日本の技術者たち——沢井 実
〈いのち〉をめぐる近代史 堕胎から人工妊娠中絶へ——岩田重則
強制された健康 日本ファシズム下の生命と身体——藤野 豊
戦争とハンセン病——藤野 豊
「自由の国」の報道統制 大戦下の日系ジャーナリズム——水野剛也
敵国人抑留 戦時下の外国民間人——小宮まゆみ
銃後の社会史 戦死者と遺族——一ノ瀬俊也
海外戦没者の戦後史 遺骨帰還と慰霊——浜井和史
学徒出陣 戦争と青春——蜷川壽惠
〈近代沖縄〉の知識人 島袋全発の軌跡——屋嘉比 収
沖縄戦 強制された「集団自決」——林 博史
陸軍中野学校と沖縄戦 知られざる少年兵「護郷隊」——川満 彰
沖縄からの本土爆撃 米軍出撃基地の誕生——林 博史
原爆ドーム 物産陳列館から広島平和記念碑へ——頴原澄子
戦後政治と自衛隊——佐道明広
米軍基地の歴史 世界ネットワークの形成と展開——林 博史
沖縄 占領下を生き抜く 軍用地・通貨・毒ガス——川平成雄
昭和天皇退位論のゆくえ——冨永 望
ふたつの憲法と日本人 戦前・戦後の憲法観——川口暁弘
団塊世代の同時代史——天沼 香
鯨を生きる 鯨人の個人史・鯨食の同時代史——赤嶺 淳
丸山真男の思想史学——板垣哲夫
文化財報道と新聞記者——中村俊介

文化史・誌

落書きに歴史をよむ——三上喜孝
霊場の思想——佐藤弘夫
跋扈《ばっこ》する怨霊 祟りと鎮魂の日本史——山田雄司
将門伝説の歴史——樋口州男
藤原鎌足、時空をかける 変身と再生の日本史——黒田 智
変貌する清盛 『平家物語』を書きかえる——樋口大祐
鎌倉 古寺を歩く 宗教都市の風景——松尾剛次
空海の文字とことば——岸田知子
鎌倉大仏の謎——塩澤寛樹
日本禅宗の伝説と歴史——中尾良信
水墨画にあそぶ 禅僧たちの風雅——高橋範子

歴史文化ライブラリー

観音浄土に船出した人びと 熊野と補陀落渡海 —— 根井 浄
殺生と往生のあいだ 中世仏教と民衆生活 —— 苅米一志
浦島太郎の日本史 —— 三舟隆之
〈ものまね〉の歴史 仏教・笑い・芸能 —— 石井公成
戒名のはなし —— 藤井正雄
墓と葬送のゆくえ —— 森 謙二
仏画の見かた 描かれた仏たち —— 中野照男
運 慶 その人と芸術 —— 副島弘道
ほとけを造った人びと 止利仏師から運慶・快慶まで —— 根立研介
〈日本美術〉の発見 岡倉天心がめざしたもの —— 吉田千鶴子
祇園祭 祝祭の京都 —— 川嶋将生
洛中洛外図屏風 つくられた〈京都〉を読み解く —— 小島道裕
時代劇と風俗考証 やさしい有職故実入門 —— 二木謙一
化粧の日本史 美意識の移りかわり —— 山村博美
乱舞の中世 白拍子・乱拍子・猿楽 —— 沖本幸子
神社の本殿 建築にみる神の空間 —— 三浦正幸
古建築修復に生きる 屋根職人の世界 —— 原田多加司
古建築を復元する 過去と現在の架け橋 —— 海野 聡
大工道具の文明史 日本・中国・ヨーロッパの建築技術 —— 渡邉 晶
苗字と名前の歴史 —— 坂田 聡
日本人の姓・苗字・名前 人名に刻まれた歴史 —— 大藤 修
数え方の日本史 —— 三保忠夫
大相撲行司の世界 —— 根間弘海
日本料理の歴史 —— 熊倉功夫
吉兆 湯木貞一 料理の道 —— 末廣幸代
日本の味 醤油の歴史 —— 林 玲子・天野雅敏 編
中世の喫茶文化 儀礼の茶から「茶の湯」へ —— 橋本素子
天皇の音楽史 古代・中世の帝王学 —— 豊永聡美
流行歌の誕生 「カチューシャの唄」とその時代 —— 永嶺重敏
話し言葉の日本史 —— 野村剛史
「国語」という呪縛 国語から日本語へ、そして〇〇語へ —— 川口 良・角田史幸
柳宗悦と民藝の現在 —— 松井 健
遊牧という文化 移動の生活戦略 —— 松井 健
マザーグースと日本人 —— 鷲津名都江
金属が語る日本史 銭貨・日本刀・鉄炮 —— 齋藤 努
書物に魅せられた英国人 フランク・ホーレーと日本文化 —— 横山 學
災害復興の日本史 —— 安田政彦

民俗学・人類学

日本人の誕生 人類はるかなる旅 —— 埴原和郎
倭人への道 人骨の謎を追って —— 中橋孝博
神々の原像 祭祀の小宇宙 —— 新谷尚紀
役行者と修験道の歴史 —— 宮家 準